テリー・イーグルトン

Terry Eagleton

大橋洋一＋小林久美子＝訳

Reason, Faith and Revolution

Reflections on the God Debate

宗教とは何か

青土社

宗教とは何か　目次

宗教とは何か

Reason, Faith and Revolution : Reflections on the God Debate

レオ・パイルの思い出に

ドワイト・ハリントン・テリー財団講演
科学と哲学の光に照らして宗教を論ずる

財団の寄附行為は以下のことを宣言している。「この財団の目的は、科学的研究や発見の促進ではなく、過去と未来における発見の蓄積と解釈、ならびにその成果を人間の福祉に役立てることであり、この目的を達成すべく科学と哲学の真理を統合し、広い視野にもとづく高度に洗練された宗教の構築を試みることとする。財団設立者の信ずるところとしては、こうした宗教こそが、人間の条件の向上ならびに人間の種としての長所と卓越性のさらなる発展のための知的活動を大いに刺激するのである。この目的のために望ましいのは、それぞれの専門分野において際立った業績をあげた識者による以下の論題をめぐる連続講演であろう。その論題とは、倫理学、文明史や宗教史、聖書研究、当該主題に重要な関連性を有するあらゆる科学や知的領域、自然の大いなる法則とりわけ進化の法則（中略）また、この財団の精神に一致する文学評論や社会学評論であり、その目的とは、キリスト教精神が世界の知という十全たる光のなかではぐくまれ、またこの地上において人類が可能なかぎり最高の福祉と幸福を実現する一助となることである」。本作品は、この財団によって出版された一連の講演録の最新刊にあたる。

序
Preface

宗教は、言語に絶する悲惨を人事にもたらしてきた。宗教の大部分は、偏狭な信念や迷信や誇大妄想や抑圧的イデオロギーなどが織りなすおぞましい物語そのものだった。それゆえ合理主義とヒューマニズムに立脚する宗教批判者たちに、わたしは大いに共感をおぼえる。しかし、この本で議論するように、そうした批判者たちの宗教否定の議論は、あまりに安っぽいのもまた真実なのだ。こと〈新約聖書〉にかぎっても、彼らが通常批判して書いていることは、じっさいにあることの愚にもつかない戯画であって、その根底にある無知と偏見は、宗教そのものの無知と偏見といい勝負といったところだ。これはフェミニズムを批判する人にたいして、その根拠はと尋ねると、クリント・イーストウッドが批判していたからという答えが返ってくるようなものである。

わたしがこの本のなかで異議をとなえているのも、この無知と偏見にたいしてである。もし懐疑的な左翼が、ユダヤ・キリスト教聖典の問題にかぎって、宗教批判者たちの知的怠惰に染まらないでいるとしたら、それは相手がもっとも勝ち誇っている〔信仰という〕領域で真摯に対決することが正義と誠実さの証《あか》しだからということだけではない。ラディカルな人間たちは、そこに人間の解放にかんする価値ある洞察を得ているかもしれないからだ。この時代に、左翼政治勢力は、よいアイデアにこと欠いている。そうした読者たちに、わたしは、自分でも信じていないような、つぎのようなことを信じてほしいとお願いしたりはしない。つまり大天使ガブリエルの存在だとか、教皇の無謬性とか、イエスが水の上を歩いたとか、イエスが弟子たちの目の前で天に昇っていったというようなことを。この本のなかで、ラディカル派やヒューマニストたちに関係のありそうなキリスト教福音書の一ヴァージョンを、わたしが「腹話術的」に話そうとしていても、わたしのことを〔腹話術師ではなく〕人形だと誤解してほしくはない。それどころかユダヤ・キリスト教聖典には、重要な問題――死とか苦しみとか愛とか自己犠牲など――について語るべきものが多くある。しかもそうした問題については、左翼は、これまでずっと、気まずい沈黙を守ってきた。いまや、この政治的にも有害な羞恥心には別れを告げるべきときなのである。

＊

本書は、二〇〇八年四月、イェール大学でおこなったドワイト・H・テリー講演にもとづく。最初は、講演の会話口調を活字に残そうとしていたが、この姿勢は急速に薄れ、より慣習的な議論の文体に落ち着いた。わたしが心から感謝を捧げたいのは、テリー財団の理事各位、とりわけ、わたしのニューヘイヴン滞在を社交的にも心地よくまた知的に実りあるものにしていただいたローリー・フィールド氏にたいしてである。同じ感謝の念は、この講演に出席していただいた多くの学生諸君と大学関係者に捧げられるものである。

第一章

地の屑

The Scum of the Earth

すべてを略式で済まそうとするアメリカ社会の心地よいならわしの、これは最たるものと恐れ入ったのは、イェール大学からの講演依頼がとどいたとき、なんとその講演は、テリー講演と銘打たれていたことである。逢った瞬間からファースト・ネームで呼びあうというアメリカ文化特有のしきたりにはもうなれていたつもりだったが、さすがに、海の彼方からなれなれしくファースト・ネームで呼びかけてくることには、少々、驚きを禁じえなかった。わたしが不思議におもったのは、この講演が、たとえばカール・ユングが講演したときには、チャック講演〔チャックはカールの愛称〕と親しげに呼ばれたのだろうか、あるいはまたのちにマーガレット・ミードが講演者だったときにはマギー講演と銘打たれたのかということだった。とにかく、この巧まざるなれなれしさの誇示にたいして、こちらからもなにかお返しをすることを求められていると感じたわたしにできることといったら、ここイェール大学にいるあいだはイーグルトン教授としてではなくイーグルトン博士として呼ぶように要求したくらいのことだった。わたしたちイギリス人は、うちとけかたを知らないと誰からも陰口をたたかれたくないために。

このなれなれしさに喜んだのもつかのま、手紙を読みすすむと、にわかに気分が萎えざるをえなかった。なにしろテリー講演が伝統的にあつかってきたのは、弱ったことに、わたしがほとんどなにも知らないふたつの分野、すなわち科学と宗教であったからだ。両者の関係についていえば――この関係はテリー講演にとってきわめて重要な問題なのだが――、これにかんするわたしの数少ない経験のひとつは子ども時代にさかのぼる。誰からも恐れられ忌み嫌われていた怪物的な校長、修道士コルンバがそれだ。聖職者であり化学教師でもあった彼の宗教は、科学法則さながら徹底して非人間的であり、権威主義的なローマ・カトリックであった彼は人間といるときよりも試験管をみているときのほうが、ずっとくつろいでいた。*01

けれども無知であるからといって、これまで、わたしはなにごとかを辞退するということはなかった。その証拠として、本日、いま、こうして皆さんのまえに立っている――ただし、わたし自身、知識人としての経験をアマチュア神学者としてはじめたことを告白せねばならない。一九六〇年代、あの第二ヴァティカン公会議後の高揚した日々では、スヒレベークスの名前をつづれる者であれば、即座に誰であれ、ナイメーヘンを本拠地とするなにやら得体の知れない神学雑誌の編集委員に徴用されたのだから。〔01〕この点にかんしてわたしが主張できるのは、たとえばリチャード・ドーキンス〔02〕とかクリストファー・ヒッチンス〔03〕――以後、面倒なのでこのふたりを単一の記号でくくって「ディチキンス」と呼ぶことにするが――らが、途方もないことを語っているときに、それをみぬける程度には神学について知っているかもしれないということだ。とはいえ、ヒッチンスとドーキンスを強引に一体化してしまうまえに、両者の相違も確認しておきたい。ヒッチンスの『神は偉大ならず』の特質が、文体に凝り、小気味よく、熱く語りかけ、嫌がうえにも読まずにはいられないようなものであるとすれば、こうした形容は、ドーキンスの『神は妄想である』にはまったくあてはまらない。教理にかんするドーキンスの攻撃の情け容赦のなさは、その散文の文体をも浸蝕し、そこから潤いを奪いはじめている。おそらくここでつけ加えるべきは、クリストファー・ヒッチンスが、まだ謙虚なクリス（クリストファーの略称）であったころ、彼とわたしは、同じ極左政治勢力の同志であったことだ。やがて彼は、高次の段階へとすすみ、その過程で、ある程度の政治的成熟をみて、バビロンの市民権を得たのにたいし、このわたしといえば、代わり映《ば》えがしない政治的信条を掲げているだけで、政治的発育不全（というものがあればの話だが）の実例と化している。

　さらに告白せねばならないのは、わたしが、おぼろげながら知っている唯一の神学はキリスト教神学であり、それ以外の神学についてはまったくなにも知らないために、議論は、多少なりとも知っているこの神学に限定されることになろう——生意気《プリザンプシャス》な口をきくよりは特定の狭い《プロヴィンシャル》領域に限定するほうが賢明だという理由から。科学については、わたしの知識は、つぎの事実にほぼかぎられてしまう、すなわちほとんどのポストモダニストによって科学が深く疑われていること——これは科学が語ろうとする対象について、そのほとんどすべてを肯定してしまうことにたいする、わたしの意見では、きわめて健全な反応だとおもう。そこで以下の講演では、科学と宗教に加えてさらに政治についても語ることになる、とはつまり、わたしがとりあげる話題のうちのふたつ、すなわち政治と宗教は、奇しくもイギリスのパブで伝統的にはご法度になっている話題であるということになる。

自伝を語ることをわたしは好まないものの、[*02] しかし、個人的なことは、ここでは避けてとおれない。わたしは、アイルランド起源の因習的なローマ・カトリック教徒として英国労働者階級のなかで育てられ、子どものころに、一連のバロック的・秘儀的教義をたたきこまれたが、後年それらが人間存在になんらかの関連性をもつと想定されていたことを知り驚くことになる。たとえていうなら筋金入りの厳格なマルクス主義者の家庭で育てられ、幼くして親の膝もとで、否定の否定とか、量を質に変換することなどにかんする一連の公式を、そのすべてが人間の自由とか正義にかんする諸問題と関連するとはつゆ知らず、丸暗記したようなものとでもいえようか。わたしが教わった教義は、わたしが大学生になる頃には、人間存在にかんしては、カエルの鳴き声程度の啓発力もないと思えたので大学に入るなり、こうした教義を、もっと関連性のある人間的なものの名のもとに廃棄したのも当然のなりゆきであった。

一九六〇年代はじめのケンブリッジでは、より関連性のある人間的なものというのはとりわけ実存主義の名で知られるようになっていたもので、その大部分は、たとえば一九歳であるとか、故郷を喪失したとか、憂鬱な気分だとか、幼稚園児のようだということを、存在論的なもったいをつけながら語るもので、現実に起こっていることを解明する鍵となるものをたいして提供してくれなかった。それから数十年後も、こうした状況は思春期後期の人間のあいだでは持続していて、いまでは、その名称がポスト構造主義と変わったにすぎない。しかしまたいっぽうで社会主義というものがあり、わたしは成長期に、これとアイルランド共和主義の両方に遭遇したが、社会主義――なにしろ冷戦と大量破壊兵器と反植民地闘争の時代であっただけに――は、人間という種の運命にもうちょっと関連性があるとおもわれたのだ、たとえば辺獄《リンボ》の教義にくらべたら（ちなみにリンボといっても、これは精神状態のことで、カリブ海地域で人気のあるダンスの種類のことではない）、あるいはわびしい官僚的小委員会のメンバー――つまり聖人たち――にふさわしい拝礼の正確な型を意味するラテン語を思い出すことにくらべたら。

しかし物事は、そう簡単なものではない。わたしがケンブリッジ大学に入学した時点で、とはつまり、理にかなったかたちで敏感で適度に洞察力のある人物であるなら、わたしがこれまで学校で学んだようなことなど、まさにおおむねナンセンスなこととして、にべもなく捨て去ってもおかしくない時点で、第二ヴァティカン公会議が開かれ、それとともに、キリスト教の福音の、わたしにはかなり緊急の人間的政治的意味のあるヴァージョンが到来したのである。このことはいうまでもなく、不満を引き起こすことになった。それとともに生じた再考作業は、まさにP・G・ウッドハウスの小説の人物が、自分の話し相手が「豚」という単語について理解していないようにみえたとき述べたように、多くの退屈な予備作業を必要とするかにおもわれたのだ。なるほど信念体系を安っぽく否定することは再考作業にくらべればいつだって簡単であり、（たとえば）キリスト教を否定しようとするなら、そのなかでも——ひどく風変わりなタイプの人間で、あまりに恥ずべき存在で、面とむかってわたしたちのまえに姿をあらわすことができないまま、おとなしく洞窟のなかにひそむしかないような人間だけがありがたがるような——キリスト教だけを勝ち誇ったように排斥しておけばいいのである。このことは宗教以外のところにもあてはまる。ニーチェをナチの萌芽であると信ずることは、ニーチェがフーコーの先駆者であると理解することよりも、はるかにたやすい。マルクス主義を仔細に検討することなど面倒で、できればそんなことはしたくないとき、あなたは、たとえばマルクス主義が夢見る平等の世界は男女ともに、まったく同等に精神的に荒廃し物質的に悲惨な暮らしを余儀なくされる世界だと否定しておけばいいのである。

わたしが一八かそこらのときに、数人の異端的ドミニコ会修道士たちと、かなり大量のビーター〔ビールの一種〕に助けられて遭遇することになったいわゆる新神学は、じっさいのところ、新しくもなんともなかった。それは、わたしのような未熟な青二才のカトリック教徒といった輩にたいしてのみ新しかったにすぎない。ただそれでも、それは、一九世紀合理主義のリチャード・ドーキンス一派が想像しがちなような、造物主としての神を、大企業経営者とか宇宙の最高経営責任者めいたものと想像はしなかった——そのような想像は神学者のハーバート・マッケイブが「神を超巨大で力強い存在としてみる偶像崇拝的概念」[*03]と呼ぶものにほかならない。ドーキンスは、キリスト教を科学に対抗する宇宙論を提出するものであるとあやまった見方をしている。『呪縛を解く』を書いた哲学者のダニエル・C・デネット〔04〕のように彼もまた、キリスト教を、世界にかんする偽物理論あるいは擬似説明と考えている。この意味から彼は、たとえば小説を素人じみた社会学研究で、そこに意義などなにも見出せないと考える者と似ているところがある。マックス・ウェーバーを読めばすむのに、なぜわざわざロベルト・ムージルを読むのかという理屈をいうようなものである。

　これにたいしトマス・アクィナスにとって〈造物主としての神〉は、世界がいかに誕生したかについての仮説ではない。それは、たとえば宇宙が、量子真空のランダムなゆらぎから帰結したという理論と競いあうものではない。じっさい、アクィナスは、世界には起源などないという可能性だって、喜んでうけいれたであろう。ドーキンスは、キリスト教信仰のなんたるかについて、ジャンルのまちがいというか、範疇の誤謬を犯している。彼はキリスト教を、なんらかの擬似科学か、もしそうでなければご都合主義的に証拠の必要性を認めない空論というふうに想像している。彼はまた、証拠を構成するものについて旧式の科学的概念しかもっていない。ドーキンスにとって、森羅万象はふたつに分けられるようだ——疑問の余地なく証明できるものと、盲目的な信仰のふたつに。あいにく彼は、もっとも興味深いものがすべて、このどちらの次元にも属さないことをみていない。クリストファー・ヒッチンスも同じ愚かなまちがいをしている。彼は『神は偉大ならず』のなかで「望遠鏡や顕微鏡のおかげで、［宗教は］もはや、重要なことについて説明を提出しなくなった*04」と主張している。しかしキリスト教はそもそも、なにかについての説明たることを意図されていない。たとえていうならこれは、電気トースターのおかげで、チェーホフのことは忘れていいというようなものである。

新約聖書は〈造物主としての神〉について語るべきことをほとんどもっていない。じっさい、キリスト教徒にとって宗教と科学とがもっとも接近するのは、世界についての議論ではなくて、どちらのプロジェクトにもかかわる創造的想像行為においてなのである――。信者は聖霊のなかにこの創造行為の源泉を見出している。ハイゼンベルクやシュレディンガーといった科学者は至高の想像的芸術家である。彼らは、こと宇宙にかんすることとなると、エレガントで美しいものが、醜く歪んだものよりも真実である可能性が高いとみている。科学的観点からすれば、宇宙の真実は、そのもっとも深い意味において様式の問題であって、プラトンやシャフツベリー伯爵[05]やジョン・キーツと考え方は同じなのである。そしてすくなくともこの意味において、科学は完璧にまた適切に、特定の価値観を担っている。

キリスト教神学にとって、神は大製造業者ではない。彼は、その愛によって、すべての存在を維持するものであり、このことは、たとえ世界に始まりがなくともかわらないだろう。創造は、ものごとを始めることとは関係がない。むしろ神は、無があるのではなく、なにかがあることの存在理由なのであり、いかなる実体にとってもその可能性の条件なのである。しかしながら彼自身は、いかなる種類の実体でもないので、彼を実体のひとつに数えることはできない。ちょうどわたしの妬みとわたしの左足とが、一対の事物を形成しないのと同じように。神と宇宙は同列ではない。ユダヤ教の偶像破壊思想において、神という非実体の影像をつくるのを禁じられているのは、神の唯一の似姿が人間であるからだ。組織化された宗教と神との終わりなき意気沮喪する闘争の記録文書、それが聖書として知られているものだ。そもそも〈造物主としての神〉は、助成金を貸与してくれた団体を大いにうならせるような、飛びきり合理的な意匠設計にもとづき作業する宇宙の工学技術者などではなく、芸術家であり、おまけに審美家であって、機能的な目的を念頭に置くことなく世界を創造したのである——ただ世界への愛と喜びのために。

あるいは、もっと神学的な語彙で語ってよければ、神はおふざけで〔for the hell of it〕、創造した。彼は世界を贈り物として、剰余として、無償の行為として、創ったのである——冷厳な必然性からではなく、ただの無から。じっさい、キリスト教神学にとって、世界にたいしては、いかなる必然性もなく、そのため神は、そもそも慰みに世界を創るというセンチメンタルな衝動に屈したことをずっと苦々しく後悔しつづけていてもおかしくないのだ。彼は世界を愛ゆえにこしらえたのであり必要ゆえにこしらえたのではない。彼にとって世界のなかにはなにも存在していなかった。創造は、起源にある〈無償の行為〉である。世界は無から創られたという教理は、宇宙のめくるめく偶然性にわたしたちの注意を喚起すべく意図されている——宇宙は、モダニズムの芸術作品のように、まったくの偶然の産物かもしれず、また思慮深い男女がそうであるように、つねにみずからの死や不在の可能性に気づいているかのようだ。「無からの」創造とは、もっとも基本的な物質にすら頼ることなく創造できた神がいかに悪魔的に狡猾かの証左ではなく、世界が、世界に先行する過程の不可避の頂点ではなく、いわんや、なんらかの因果関係の連鎖の帰結でもないことの証左なのである。宇宙には必然性がないがゆえに、わたしたちは、宇宙をア・プリオリに統括する法則を演繹できず、そのかわりに宇宙のじっさいのはたらきを観察することを余儀なくされる。この観察は科学の務めである。したがって無からの創造の教理とリチャード・ドーキンスの専門職生活とは奇妙なつながりがある。神なくしてドーキンスは職を失うだろう。彼の雇用者の存在を疑問に付すところが、彼特有のおこがましさなのである。

したがって世界の存在とは、鉄の因果律への批判《クリティーク》であり、まさにディチキンスが個人的かつ政治的観点から正しく希求している自由の、その証《あか》しなのだ。かくして世界はきわめて稀少な事象に属することになろう。それは、オスカー・ワイルドの琴線に触れるようなかたちで、まさにただそれ自身のためだけに、そして愚にもつかぬいかなる有用性をも目的とすることなく存在しているのだ——この存在カテゴリーは神のみならず、芸術、悪、人間性もふくむ。宇宙がそれ自身の力で動くのは、宇宙が神自身の自由を分有していることの一部である。ジョージ・ブッシュと異なり、神は、干渉主義的支配者ではない。世界のまさにこの自律性ゆえに、科学もリチャード・ドーキンスも存在しえたのである。ディチキンスは、神を科学的研究の場に引きずり出す必要はないと主張しているのだが、わたしがいましがた言及した歴史上最大の神学者アクィナスも、その主張にはすべからく賛成していたことを知れば、ディチキンスも大いに関心をそそられるかもしれない。科学は正しく無神論的である。科学と神学は、ほとんどの場合、同じ種類のことがらを語っているのではない。ちょうど歯科矯正術と文学批評とが同じことがらを語っているのではないのと同様に。そしてここに、両者のあいだにグロテスクなまでの誤解が生ずる理由がある。

端的にいって神は、ディチキンスがわたしたちに告げるように、どこをとっても、誉れたかき役立たずである。彼は、道具的理性にたいする絶えまなき批判《クリティーク》そのものなのだ。ジョン・C・レノックスは『神の請負人』のなかで書いている——科学者や哲学者のなかには宇宙の存在理由を求めてはいけないと考える者がいる、なぜなら、彼らのいうところでは、存在理由などないからである、と。[*05] しかしながら、この点において、そうした科学者や哲学者たちは、それとは知らぬうちに神学者と意見をひとつにしている。もしわたしたちが神の被造物であるというのなら、まず第一に、それはわたしたちが神のように、純粋に存在の喜びのためだけに存在している（あるいは存在すべきである）からだ。ラディカルなロマン主義——その目的からすればカール・マルクスもここにふくまれる——が、提起した問いとは、こうした存在のありようをじっさいに現実化するためには、いかなる政治的変革が必要なのかということである。イエスは、おおかたの責任感あふれるアメリカの市民とちがい、なにも仕事をしていないようにみえるし、大食漢の飲んだくれと非難されている。彼はホームレスの人間として提示されている。財産もなく独身で、逍遥派であり、社会的周辺に追いやられ、親類縁者からは鼻つまみ者とされ、定職につかず、浮浪者や非民たちの友であり、物質的所有を軽蔑し、自身の身の安全をかえりみず、純潔規定には無頓着で、伝統的権威には批判的で、体制側に突き刺さった茨の棘、金持ちや権力者に天誅をくだす者である。彼は語の近代的意味における革命家ではないが、革命家のライフスタイルめいたものを実践している。彼はヒッピーとゲリラ戦士の中間に位置しているようにみえる。彼は安息日を尊重するが、それは安息日が教会へ足をはこぶことを意味しているからではなく、それが労働の苦役からの一時的な解放を意味するからだ。安息日とは休息に関係するものであり、宗教とは無関係だ。キリスト教徒になる最良の理由のひとつとは、社会主義者になる理由と同じく、仕事をするのが嫌いで、なおかつ、アメリカのような国々で猛威をふるっている恐るべき仕事崇拝を拒むということだ。真に文明化された社会では、夜明けまえから商談や会議をかねた朝食会《パワーブレックファースト》をおこなうことなどありえないのだから。

それゆえ科学と神学の争点は、いかに宇宙が誕生したかという問題でも、あるいはいかなるアプローチをとれば宇宙にかんする最良の「説明」が得られるかという問題でもない。むしろ、どこまでさかのぼらねばならないか——時間的意味だけではなく、いろいろな意味で——、この点で意見の一致をみないのである。神学からみると、科学はまだじゅうぶんにさかのぼっていない——科学が創造主を措定しそこなっているということではなく、なぜそもそものはじまりに、なにかが存在しているのか、あるいはわたしたちがもっているものは、なぜじっさいに、わたしたちに理解可能なのかという問いを、科学が提起していないということだ。おそらくこれはどうみても偽りの問いだということもできる。じっさい、そう考えている哲学者はいる。しかし神学者に関心があるのは、ローワン・ウィリアムズが論じたように、そもそもなぜわたしたちは説明を求めるのかという問いであり、またなぜわたしたちは、宇宙のことを、説明を可能にするかたちにまとまっていると想定するのかという問題なのだ。[*06] 説明とか規則性とか理解可能性といったわたしたちの概念は、どこから生まれてくるのか。合理性とか理解可能性そのものを、わたしたちはどうやって説明するのか、あるいはこの問いかけは、答えるにはあまりに皮相なものか、それともむずかしすぎるのか。わたしたちは合理性について説明できないのではないか。説明しようとすれば、合理性があることを最初から前提とするのだから。そうした探究についてわたしたちがどう考えようとも、わたしたちが知るかぎりの科学は、世界が、ある種の内的秩序と首尾一貫性を示してくれるがゆえに成立可能なのである――つまり、おおむね審美的な理由によって成立可能なのだ。こうした法則がどこからきたのかを問うのは適切なことなのか。科学はいつの日か、答えを発見するのか。それともこの問いかけはご法度なのか？

わたしたちが宇宙の深層構造について、かくも多くのことを理解できる、それもなんの明確な進化上の利得もないままに、というのは、驚くべきことではないか。あるいはそれは僥倖に恵まれたというだけのことなのか。アインシュタインが「宇宙についてもっとも把握しがたいのは、それが把握可能であるということである」[*07] という所見を述べ、さらに誰であれ、世界のなかにそこまで高度な秩序をア・プリオリに想定はしまいと付け加えたとき、彼は知見を得ていたのか、あるいはたんに詩的になっただけなのか。科学のめざましい成功によって宗教は無用の長物と化したと考える者がいるかとおもうと、科学的成功のみなもとには、形而上的省察をうながす原因となるような根源的事実がある――すなわち、わたしたちの精神は世界の基盤と波長があっているという事実がある――と考える者もいる。

あまたあるもののなかで数学だけが、物理的宇宙の理解可能性を解読できるようにおもわれるのはなぜか。また科学が、物理法則の統一性とならんで、このことを、たんなる確信としてのみ捉えているのは理にかなったことなのだろうか。科学が、数学の首尾一貫性に絶対の信頼を置いているのは同じく理にかなったことなのだろうか――ゲーデルの第二定理によれば、そのような一貫性は証明できないというのに。わたしたちもまた、論証の労を取るまえから、そもそも世界がわたしたちに開かれ利用可能であることを、あまりに安易に当然視してはいないか。理由や説明を求めるかわりに、科学は、その探究を可能にする複雑な舞台設置に畏敬の念をいだくべきではないのか。

こうしたメタ問題というのが、有効であったとしても――あえて疑ってもいいとはいえ――、そうした問題はかならずしも「神がいるゆえに」という答えを喚起するものではない。哲学者のマルティン・ハイデガー――その思想についてはアングロ・サクソン圏では、あまりに深遠で意味がないとまで考える者もいるのだが――は、この種の問いを提起していたが、だからといって信心深い宗教家ではなかった。このような諸問題を考えるのに、わざわざ教会へ行く必要はないわけだ。ただ、ここで重要なのは、科学者になる必要もないということだ。科学者に、こうした問いを提起する欲求というものはない。ちょうど、空中ブランコ乗りにも提起する欲求がないのと同じである。まさにこの意味において、神学（あるいは形而上学）と科学は、異なる種類の探究といえるのである。

神をすべからく無意味＝役立たず《ポイントレス》なものであり、道徳的生活も同じく無意味なものと、そうみなしたからといって、道具的理性が居すわるのを望まないというわけではない。たとえば道具的理性がなければ、いかなる解放の政治もありえないだろうし、これは科学や技術にしても同じことである。審美家は、事物の美と感覚的個別性に心奪われ、神学者たちは、みずから在ることが、実は頭がくらくらするほどに偶発事であるということに圧倒される。いっぽう科学者や技術者たちは、こうしたことをあくまでも人類の知と奉仕のために役立てようと努力するため、快哉を叫んだり驚愕の声をあげたりして時間を費やす余裕などないというわけだ。たとえそうでも、この神学的観点からすれば、道徳は、宇宙そのものと同じく無意味＝役立たず《ポイントレス》である。道徳は、いかにして豊かに楽しく生きるか、いかにして、みずからの力と能力をそれ自身のためだけに玩味するかの問題である。この自己充足的エネルギーは、要点なり機能なりをすべからく欠いていて、歴史や義務や〈時代精神〉、生産、有用性、目的論といった観点からの厳しい審問をまえにして、自己正当化することなど意にかいさない。こうした倫理観を、カントの主張と比較してもいい。カントによれば、もし心地よさを感じるなら、それは徳高い生き方をしていないことになる（すでにお気づきかもしれないが、わたしは、ここですこしばかり『実践理性批判』を単純化して話している）。イエスが説く道徳は、思慮分別を欠き、法外で、軽率で、常軌を逸し、保険計理人にとってはスキャンダル、不動産業者にとっては躓《つまず》きの石にほかならない。なにしろ、汝の敵を許せ、外套だけでなくコートも分けあたえよ、もうひとつの頬を差し出せ、あなたを侮辱する者を愛せ、もうひとふんばりせよ、明日のことは考えるな、というのだから。

クリストファー・ヒッチンスは、こうした創造的な無頓着ぶりを、小市民的な嫌悪感とともにうけとめている――「人間を野のユリにたとえることは」と、彼は憤懣やるかたない銀行支配人の態でうそぶいてみせる、「……ほかの多くの禁止令とともに、たとえば節約とか改革とか家族生活などを、まったくの時間の無駄と示唆するものである」（118）と。たしかにその証拠はあると、喜んでご注進におよぶ者もいるかもしれない。新約聖書は、家族をおおむね時間の無駄と軽んじているのだから。この点については、もうすこしあとでみることになるが。ヒッチンスはまた、あなたの右手がしていることを、あなたの左手には隠しておけという聖書の命令の意味を理解していない。いうまでもなく、これは自分の善行を世界に吹聴することを諌めるものである。後期ヒッチンスの書くもののなかには終始一貫して自己尊大化の気味があるため、このことがわからないとしても驚くべきことではない。彼もドーキンスも、過剰な慎み深さという病には冒されていない。彼はまた、幸いなるかな心貧しき者たちではじまる八つの至福について、[06]「ふがいない腰抜けと臆病者たちに特有の空疎な願望充足」（117）にすぎぬものとして退ける。たしかにペンタゴンにいる彼の友人たちは、心の平安と貧しさを言祝《ことほ》ぐ、この悪辣なプロパガンダを禁止してもいいはずだ。イエスは、五つ星の将軍のような口調で語ることには、なさけないほどむいていないのだから。

イエスは、おそらく、世界の終わりがもうすぐやってくるとおもっていたので――あいにくかなりひどい計算まちがいであると判明するのだが――、そのためこの種の倫理を説いたのだろう。彼の歴史観は、すこしゆがんでいるようにみえる。たしかに彼は、世俗の歴史についてわたしたちがいだくような歴史センスをまったくといってもっていない。ただそうであれ、その道徳は、勅許会計士とか石油会社の重役とむすびつくようなものではない。神は超越的である――とはつまり、彼は人間を必要としているわけではなく、ただ手慰みにわたしたちを造型したにすぎないということだ――、であるから、神はわたしたちを神経症的におもいどおりにしようとはしない。人はペットのマングースとか、刺青をとくに必要としないのと同じで、神はわたしたちを必要としていない。それゆえ神は、わたしたちを放置できる。そしてこの放置をあらわす単語が自由であり、キリスト教神学では、まさにこの自由において、わたしたちは神にもっとも深いかたちで属するのである。

＊

この超越的な神の後釜に全能の人間をすえたところで、ニーチェが嘲笑的に指摘していたように、事態は一向に変化しないともいえる。世界には、まだ安定した形而上的中心が存在している、ただ中心が神ではなく、いまやわたしたち人間になったというにすぎないのだ。そしてわたしたちが支配者として君臨し、みずからを規制するいかなる拘束事項にも縛られないとしたら、わたしたちはこの新たに発見された神性を、行使することになるだろう——なによりもまず、あの忘我的創造的〈悦楽〉の形式、すなわち破壊にふけることによって。ニーチェの観点では、神の死はまた、必然的に、人間の死を招来するはずであった——つまりある種の支配者的で傲慢な人間中心主義が終わるはずであった——もし絶対的な力が、いっぽうの極からもういっぽうの極へとたんに移植されるのでなければ。移植されるだけならヒューマニズムはつねに秘密裡に神学的なものとなるだろう。神はただ、卑しからぬ都市近郊在住者の道徳というかたちで、その影のごとき死後の生を送ることになるだろう。まさに現在の神の状態がそうである。人間の無限性は、神の永遠性の代用となって終わるしかないだろう。ファウスト的精神さながらに人間はみずからの無限の力とおもわれるものを愛し、そして忘れてしまうのだ——受肉／託身の教理において神は、肉体をもち、もろくて限界のある者を愛していると示されていること、を。おのが無限性に眩惑された人間は、こうしてみずからが絶えず危険な状態にあることを知るだろう。あまりにもはやく成長しすぎたり、自分の限界を越え、みずからを無へと引き寄せたりと、まさに〈堕落〉の神話で語られたようなことになる。

この病にたいする伝統的治療法がある。悲劇芸術として知られているものだ。しかし化学療法と同じく、この療法も、患者には、病気そのものと同じく猛威をふるうこともある。古代ギリシア人が、そうした歯止めなき営みを目撃したとき、彼らは恐れおののき、おそるおそる天を仰いだ。いつかきっと罰があたると知っていたから。聖アウグスティヌスは、被造物たるもの、ずうずうしく創造をおこなうべきではないと述べている――これは芸術家にたいする譴責ではなく、偉大なるブルジョワ神話とわたしたちが呼ぶもの、すなわち自己創造行為への譴責である。自己創造は、きわめつけのブルジョワ・ファンタジーである。わたしたちがどれほど自由を謳歌しようとも、その自由の根源には依存状態というコンテクストがあることを絶対に認めない姿勢が、多くの歴史的惨禍を引き起こした根本原因として存在する。この姿勢はまたまちがいなく今日の西洋の新帝国主義の推進力ともなっている。

正統的なキリスト教の教理によれば、わたしたちは、神に依存しているがゆえに、自己決定もできるようになったのである。ちょうど、わたしたちが言語や歴史や文化に依存しているがゆえに、人として成熟できるように。トマス・アクィナスにとって、神とは、わたしたちを、わたしたちにしてくれるものである。ちょうど両親の愛が、わたしたちを、わたしたち自身にしてくれたように。わたしたちはエディプス期の子どものように、自分の生の諸源泉の束縛を脱することによって自由になれると空想するが、これは自己欺瞞である。また両親のほうでも、わたしたちを放任する潜在的可能性をもふくむような養育法をみつけるべきであり、そうすることで、親の愛は、わたしたちの自立をさまたげるものではなく、自立の基盤になりうるのだ。

D・H・ロレンスは偉大な小説『虹』のなかで、このパラドクスについて、一家族のさまざまな世代の見取り図を描きながら考察している。

それゆえ、まさにこれこそ、神がわたしたちを神自身の似姿をもつものとして創造したというときに意味していることである。なにしろ神自身が純粋な自由であるからだ。そこからつぎの帰結がみちびきだされる。神はまたわたしたちが神を拒否することができる根拠でもあるのだ——つまり神は、驚異的に寛大なところをみせて、みずからを信仰の源泉であるとともに無神論の源泉ともするのだ。神は、わたしたちがよき中産階級リベラルになって、神のことをほったらかしにしないようにはたらきかける検閲的権力ではない。検閲的権力というのは、神を大親分と考えるやりかたから抜けきることのできない、きわめて原始的な、フィリップ・プルマン〔07〕的観点である。詩人のウィリアム・ブレイクなら、こうしたナイーヴな誤解を嘲笑せずにはいられないだろう。プルマンのような作家がみていないのは、自由という解放的原理が、なにを隠そう自由意志というキリスト教概念に源をもつことである。それはまた進歩にたいするリベラルの信仰が、キリスト教摂理の概念とどこかで共鳴していることと似ている。ジョン・グレイが書いているように「寛容にかんして鍵となるリベラル理論家といえば、宗教の自由を擁護する際、明確にキリスト教用語を使ったジョン・ロックであり、またユダヤ人合理主義者であり不可知論者でもあったベネディクト・スピノザなのである[*08]」。

リベラリズムとユダヤ・キリスト教とのこうした類似（ほかにももっと多くの類似があるのだが）

に光をあてることは、リベラリズムあるいは啓蒙主義の大いなる遺産を軽んずることにはならない。[*09] マルクス主義者のなかには、マルクスがユダヤの伝統に多くを負っていることをかたくなに認めようとしない者もいるが、そうした系譜を認めることはマルクスの仕事の価値を損なうと考えるのはなぜなのだろう？ リベラリズム（あるいはラディカリズム）と宗教的信仰は、たとえディィチキンスがどう考えようとも、かならずしもたがいに阻害しあうものではない。ムスリムの思想家たちで、イスラムと社会主義との両立を説く者は多い。一九世紀のプロテスタント神学の多くが、リベラリズムの遺産によって大きく造型されてきた。フリードリッヒ・ニーチェはディィチキンス流に、リベラリズムとキリスト教とを対立させなかった。ニーチェは両者の共通性をみてとったし、またそれゆえに両者を非難した。のちにナチスとスターリン主義がそうしたように。D・H・ロレンスは『恋する女たち』のなかでほぼ同じことをしている。世俗的リベラリズムは、決して、宗教的信仰にたいする「自然な」解毒剤ではないのだ。

聖書における非《ノン》=神、あるいは反《アンチ》=神とは、燔祭の生贄やひとりよがりの自己正当化行為を憎む者であり、偶像と物神の敵であり、ありとあらゆる種類の神のイメージ——神々、教会、儀礼的生贄、星条旗、国民、性、成功、イデオロギーその他——の敵である。この者の正体がわかるときは、飢えるものがよきもので満たされ、富める者が空手になって追い払われるときである。救済は、肩すかしをくらうかたちで、もはや崇拝や法や儀礼の問題でもなくなり、遵法精神や道徳律遵守の問題でもなく、生贄の動物を殺すことでもなく、さらには類稀《たぐいまれ》なる徳高さの問題でもなくなる。それは飢える者に食べものをあたえること、移民を暖かく迎えること、病人を見舞うこと、貧しき者たちや孤児たちや未亡人たちを富める者たちの暴力から守ることである。驚くべきことに、わたしたちは、宗教という特殊な装置によって救われるのではなく、わたしたちの日常生活における人間関係の質によって救われるのである。日常生活の概念を発案したのは、フランスのインテリ層ではなく、キリスト教であった。*10

新約聖書にヒロイックなものはなにもない。イエスは救済者の悪い冗談である。メシアが馬小屋で生まれるわけがない。メシアは高貴な生まれで、国民を敵との戦いへとみちびく英雄的な戦士である。メシアは破壊の道具を捨て去ったりしないし、ロバに乗って民族の首都へと入城したりしないし、興奮し緊張したりしない。ユダヤ的伝統の観点からすれば、殺されたメシアは、たとえば「ディチキンスは、それゆえ、相手側にも語られるべきものがあることを謙虚に認めた」という文と同様、言語道断の異常事態、あるいは名辞矛盾そのものである。キリスト教は、かなり残念なことに物質主義的であり、魅力に乏しく、散文的である。「カエサルには、カエサルの持ちものをあたえ、神には、神の持ちものをあたえよ」とは意味不明な命令として名高い。[08] ただし、それが意味するものがなんであれ、宗教と政治とは別ものであるという意味ではなさそうだ。両者を分けて考えるのは、きわめて現代的な偏見（そういうものがあればの話だが）である。イエスの時代の敬虔なユダヤ人であれば誰でも、神に属するものとは、義のために働きかけること、移民を迎え入れること、傲慢で権勢を誇るものの驕りをくじくことであると知っていて当然である。ただし宗教のわずらわしい道具一式は、別種の宮に、すなわち殺され無残な姿となったイエスの肉体にとってかわられることになる。ゼロテ党員、[09]パリサイ人、そしてあらゆる時代にいる保守反動右翼らが憤慨するのは、この肉体が差し出される相手とは、敗北者たち、一文無したち、下層民、植民地協力者たちであることだ。彼らは正当な存在であるどころか、あきれるほど不正な存在である——彼らはモーゼの掟を慢性的に侵犯して生きているか、さもなくば異教徒さながら、モーゼの掟の支配のおよばぬところに存在しているかのどちらかなのだから。

こうした男女は、動物を生贄に捧げたり、食事制限をしたり、非の打ち所のない善行を重ねたりすることで、神の御利益が得られるわけではないのだ。しかし、よいニュースもあって、それは神が、彼らを、その道徳的に不純であることもふくめ、すべてをとにかく愛しているとである。イエスのメッセージとは、神は、たとえ彼らが悪徳にまみれていようとも彼らの側にいるということだ——尽きせぬ自己充足的生の源泉を、イエスは父なる神と呼ぶのだが、この神は、判事でもなければ家父長でもなく、告発者でもなければ超自我でもなく、恋人であり、被告人であり、弁護士なのだ。判事あるいは検事としての神の聖書における名前は、サタンであり、これは文字通りには「敵対者」を意味する。サタンとは、神をガキ大将のいじめっ子としてみるときに出てくるイメージであり、このイメージは、このあとみるように、それなりに有益なイメージでもある。ともあれ男女が求められるのは、神が、彼らの側にあることを認めることだけである——信仰として知られている愛という合意の行為をとおして。じっさいのところイエスは罪について、彼の口うるさい追随者とは異なり、ほとんどなにも語っていない。彼の使命は、男女のもろさをうけいれることであり、それをとがめだてることではなかった。

イエスのなかにあるサタン的あるいは超自我的な神のイメージをこのように覆すことは、法と欲望との致命的な膠着を、あるいはジャック・ラカンが現実界と呼ぶものを解除することにつながる。この致命的な膠着こそ、わたしたちが法そのものへの病的な愛に走る条件であり、そこからさらに、わたしたちは、その法がもたらす抑圧された不幸な状態を愛するようになり、みずからを罪深さゆえにひたすら罰して死へといたらしめること以外眼中になくなる。だからこそパウロは法のことを呪われたものと呼ぶのだ。この衝動、つまり自分自身をまるでちりあくたのごとく廃棄してやまないこの衝動こそ、フロイトが死の欲動と名づけたものであり、それは愛の無条件のうけいれの対極にある。パウロは書いている。法と、それが生み出す罪あるいは罪悪感は、死をこの世界にもたらすものであると。選択肢はふたつある。この病的な膠着から解放された生、福音書にとっては永遠の生として知られているものを選ぶか、さもなくば、この永遠の生のぞっとするような戯画、すなわち死の欲動のまがまがしい擬似不滅性に埋没するか。後者は、わたしたちがみずから生きている証《あか》しを得る方法として、死にたいするまがまがしい喜びに必死にしがみつくことによって、ほんとうに死ぬことを避けようとしている状態である。この亡霊じみた、死んでいるが完全に死滅しているわけではない存在状態こそ、グレアム・グリーンの小説『ブライトン・ロック』の主人公ピンキーの、あるいはウィリアム・ゴールディングの小説『ピンチャー・マーティン』のタイトルにもなっている主人公の状態であり、〔10〕それは生きている死、地獄として知られているものなのだ。*11

この地獄は小鬼たちが火掻き棒をもって裏切り者たちを責めさいなむという地獄ではなく、法にたいするマゾヒスティックな喜びに呪縛され、そして救いの手を差し伸べ苦しみから解放せんとする者に唾を吐きかける者たちの地獄なのだ。いわゆる旧約聖書の神がサディスティックな鬼として描かれることが多いとすれば、その理由のひとつは、男も女も、超自我の怒りを恐れながらもまた怒りを望むこともありうるからだ。男も女も、抑圧状態に、まるでそれが恋人でもあるかのようにしがみつき、そこから生まれる自虐的喜びを維持するためにはなにもいとわない。彼らにとって、罪悪感から解放されることは、みずからを動かしてくれる病そのものを奪われてしまうことだ。これこそが、宗教として知られる原初的マゾヒズムだと主張する者もいるかもしれない。この文脈においては、わたしたちが、あるがままのわたしたちゆえに愛されるという良い報せも、耐えがたい侮辱とうけとめられるにちがいない。なにしろ、そんなことにでもなろうものなら、わたしたちがまだなおも存在していることをすくなくとも証明してくれる悲惨なるものが、わたしたちから奪われてしまうからだ。それはまた、道徳的に向上しようとするわたしたちの必死のがんばりを、むなしいものにしてしまいかねない。わたしたちは、軽い頸木《くびき》など必要としていない。わたしたちは、重い鎖にしがみついて生きていたいのだ。

キリスト教の教えによれば、神の愛と許しは、わたしたちの防衛的で自己合理化するささやかな圏域に暴力的に入り込んでくる徹底して仮借なき諸力であり、わたしたちの感傷的な妄想を粉砕し、わたしたちの世界を情け容赦なくひっくりかえす。イエスにおいてこの法は、愛と慈悲の法であることがあらわにされ、神は、詩人ブレイクが揶揄した〈ノボダディ〉[11]的存在ではなく、よるべなき傷つきやすい動物であることがあきらかになる。ゴルゴタの丘の、鞭打たれて血まみれになった犠牲羊《スケープゴート》こそが、いまや法の真のシニフィアンとなる。とは、すなわち、正義と共感という神の法に忠実な者たちは、国家によって処刑されるということだ。もしあなたが愛さないなら、あなたは死んでいる。そしてもしあなたが愛するなら、あなたは殺されるだろう。したがって、まさにこれが、心を癒すような空想の正体であり、民衆の阿片の正体なのである。これが、現実主義的世俗主義的プラグマティストが忌み嫌う空想と現実逃避の実態なのである。フロイトは宗教を、人間の条件の苛酷さを緩和するものとみた。しかし、つぎのように主張しても、あながちまちがいとはいえないだろう――わたしたちが現実と呼ぶもののほうが、福音書の苛酷な要求を緩和するものであると。なにしろ福音書は現実逃避という好ましい行為を、まったく見知らぬ者を救うために命を投げ出す覚悟ができていることとみなすのだから。イエスをまねることは、イエスの生と死をまねることである。なにしろ両者は分かちがたくからまりあっているのだから。死は生の到達点であり、イエスの自己犠牲の究極の意味がときあかされる場でもある。

この激しい愛を求める神にかんして、唯一真正なイメージとなるのは、拷問され処刑される政治犯、それも、聖書で〈アナウィム〉[12]と呼ばれている貧窮し家を失った者たちと、連帯しながら死ぬ政治犯である。ローマ人は十字架による磔刑を、もっぱら政治犯のためだけに適用していた。パウロの言い方によれば、この〈アナウィム〉とは、地の屑である——彼らは社会の浮きかすであり廃物であるが、彼らこそが、人間生活の新たな形態——神の国として知られている——の礎石なのである。イエス自身も、つねに彼らの代弁者として提示されてきた。イエスの死と地獄めぐりは、狂気と恐怖と不条理と自己放棄への旅でもある。なぜならそこまで深く切りこむ革命だけが、わたしたちの悲惨な状況に答えてくれるからだ。

ここで賭けられているのは、新しい酒を古い皮袋に入れるという慎重を期した修正主義的プロジェクトではなく、絶対的に新しいものの前衛的顕現《エピファニー》なのだ——あらわれるのは、過去のあらゆるイメージや発言を凌駕する革命的な体制であり、福音書の書き手たちによれば、この体制こそ、破産し見捨てられ破綻した世界に侵入しつつある、正義と友愛にもとづく王国にほかならない。ここでは、いかなる中間地帯も認められることはない。正義か、この世の権力かの選択は、厳正かつ絶対的な二者択一であり、根源的な葛藤と対立をはらむものとなる。係争点は一刀両断される。和平も、合意も、交渉もない。イエスは、けっしてリベラルにはみえない。ディチキンスが敵意をもつのもむべなるかな。イエスは、人当たりのいい委員タイプの人間ではない。ましてや彼はエルサレムの両替商のあいだを歩むことはなかったことからもわかるようにウォール街を闊歩するような人間でもない。

人間の嘆かわしい状態を考えるにつけても、この臆面もないユートピアは、簡単に到来しそうにない。「嘆かわしい状態」という語句で、わたしがいわんとしているのは、貪欲と怠惰と欺瞞の横行であり、わたしたちの支配本能と所有本能の業の深さであり、不正と搾取の陰々滅々たる永続であり、わたしたちを憎しみと暴力と搾取へとみちびく慢性的な不安ならびにイエスが邪悪なものとむすびつけた病や苦悩や絶望である。こうしたことすべては、キリスト教では原罪として知られているものだ。来るべき王国にふくまれるのは政権交代ではなく、苦難の行程、すなわち死と無と狂気と喪失と虚無とを潜り抜ける苦難の程である。この行程は、キリスト教神話では、とりわけイエスが死後に地獄に降りて行ったことで象徴される。ここにはスムーズな進化の可能性はみじんもない。この世界の歪んだ状況を考えると、自己実現は、究極的には、自己への投資引き揚げによってのみ、達成されうるのである。

まさにこれがそうなのだということが、悲劇そのものである。もしわたしたちが正義と友愛とを一度に実現し、しかも、個人的にも、政治的にも死ぬことなく、わたしたちの自己中心的ありようと暴力と所有欲と支配衝動を失わずにすむのなら、ことははるかに好ましいものとなるだろう。しかしすくなくともこの死は、より豊かな生の名のもとに実現するのであって、なんらかのマゾヒスティックな自己暴力ではない。福音書によれば、二種類の死中の生がある――生きながらの死すなわち地獄と、みずからの自己所有本能を放棄することから到来する生の充溢のふたつが。このふたつは、かならずしもいつもきちんと区別できるわけではない。

キリスト教にとって自己否定は、それ自体で目的そのものではないとすれば、独身生活もまた同じである。イエスは、神の国がいつなんどき到来してもおかしくないと信じていたがゆえに、つまり住宅ローンや洗車や子どもの世話その他、わずらわしい家事に心を奪われている時間はないと考えていたがゆえに、たぶん独身をつらぬいたのだろう。けれどもこの種の独身生活は、性現象そのものに敵対しているわけではない。むしろその逆で、セックスを放棄することを犠牲的行為《サクリファイス》とみている。サクリファイスとは、かけがえのないものを捨てることを意味する。漂白剤を飲むのをやめることをサクリファイスとはいわない。聖パウロが、未来の購われた世界のしるし（つまりサクラメント）を求めたとき、彼がわたしたちに提供したのは、むつみあう二人の肉体であった。独身ではなく、結婚こそがサクラメントなのだ。生の充溢こそ重要なのである。しかし、より豊かな生活を求めていたるところで活動する場合、時として、豊かな生活を特徴づける貴重なものをいくつか宙吊りにしたり放棄せねばならなくなる。この意味で独身生活は、革命的選択肢なのである。ラテン・アメリカのジャングルのなかで腐敗した体制と戦っている者は、家に帰り子どもたちと遊び、通常の生活を送りたいと願っているだろう。問題は、この種の家庭生活が誰にでも手に入るようになるために、ゲリラは、たとえ一時的でも、そうした充足的生活を放棄せねばならないということだ。かくして彼もしくは彼女は、新約聖書のいう「王国に仕える宦官」[13]となる。最悪の誤解は、この強いられた禁欲生活のなかに、善き生活そのもののイメージを見出すことだ。革命家たちは、彼らが創造せんとしている社会の模範となるべき最良のイメージであることはまずない。

自己放棄のもっともラディカルなかたちは、煙草やウィスキーをやめるということではなく、みずからの肉体を放棄すること、伝統的に殉教と呼ばれている行為である。殉教者たちは彼もしくは彼女のもっとも貴重な所有物を放棄するのだが、ほんとうならそんなことはしたくないのである。いっぽう自殺者は、耐えがたい負担となった生から喜んで解放されたい。もしイエスが死を望んでいたのなら、彼はいまひとりの自殺者にすぎず、彼の死は自爆テロリストの哀れな末路と同様に価値もなく不毛なものとなっていただろう。殉教者は、自殺者とは異なり、みずからの死によって、他者に奉仕する。彼らの死はまさに、愛の行為なのである。彼らの死は、他者の生のなかに実りをもたらすものとなる。これは他者を生かそうとして死ぬ者（たとえばナチスのガス室に送り込まれる者の身代わりになるというような）だけでなく、原則を守って死ぬ者にもあてはまる――他者に潜在的に生をもたらす原則のためであるならば。「殉教者」という語は、「証人」を意味する。彼もしくは彼女がその証人となるもの、それは、それなくしてはそもそも生きる価値のないような原則である。この意味で殉教者の死は、生の無意味さではなく、生の価値を証しだてるものとなる。これはイスラムの自爆テロリストにはあてはまらない。

イエスのいう荘厳な変貌をとげる存在というのは、呪われ汚されたものが、弱さから力へ、死から生へ、苦悩から栄光へと移行することを含意する。この移行を意味する古代の言葉は、悲劇ではなく犠牲行為であった。かくして躓《つまず》きの石が、礎石となりうる。新しい秩序は、古い秩序の瓦礫と残滓から構築されるのだから。わたしたちは、このまことしやかにとりつくろわれた世界を捨てる覚悟をしてはじめて、未来における、より真正なありようを希望しながら生きることができる。この教理はペシミズムではなくリアリズムとして呼ばれるべきだ。わたしたちは、そうしたありようが、ほんとうに可能なのかどうか、たとえば光の速さがどのくらいで、たまねぎの値段はいくらか確信をもてるようには、確信をもてないので、この自己放棄は、信念を必要とする。力なき者たちが、そのみかけとはうらはらに、いつの日か力をもつようになるという信念を必要とする。失敗した者たちへのゆるがぬ信頼を維持すること、負け犬を軽蔑する国家にとっては醜聞以外のなにものでもないこの姿勢を維持することによってはじめて、いかなる人間の力も、なにかをもたらし、長続きすることを証明できるのだ。このありえない、冷酷無情なリアリズム、まさに人間の磔刑という、この怪物的で、トラウマ的で、猥雑な〈現実〉というメデューサの首を真正面からねめつける、まさにそのことによって、なんらかの復活が実現するかもしれないのである。このことを最後の言葉としてうけとめることで、ほかのすべてのことを感傷家のたわごと、イデオロギー的幻想、偽りのユートピア、偽りの慰め、滑稽なまでに明るい理想主義として退けることによってはじめて――まさにそのときはじめてそれは最後の言葉ではなかったとわかるかもしれないのだ。

新約聖書は、人間の幻想を残酷に破壊する。もしあなたがイエスにつき従いながらも死ぬことなく生きのびたら、しかるべく弁明を用意しなければならないようだ。人間の条件の赤裸々なイメージとは、愛と正義を弁じて、その労苦のはてに殺された者のそれなのだ。人間の歴史のトラウマ的真実とは、殺害された肉体である。拷問された無実の人間のこの恐るべきイメージを歴史の真実としてみない者は、人間の、掣肘を加えられるところのない順風満帆たる進歩の夢といった能天気な迷信をうけいれがちであるが、そうした迷信を本気で擁護しているのが、これからみてゆくように、ディチキンスなのだ。宗教神話のみならず合理主義神話というものもある。はたせるかな世俗神話の多くは、宗教神話の換骨奪胎である。

イエスは、苦痛を崇拝する猟奇趣味をはぐくむどころか、肉体的な病は明白に邪悪の形式であるとみなしているようで、病にむけて彼が対峙させるのは、彼が生の充溢と呼ぶものである――生の充溢とは、すなわち福音書でいう「永遠の」生、最高に豊かで、溢れんばかりの人間性をたたえた生、それ独自の高貴な精神と自己快楽に陶酔している生である。キリスト教信仰によれば、わたしは考えるのだが、「無神論的ヒューマニズム」というフレーズはまちがいというよりも撞着語法であって、そもそも神なくしてじゅうぶんな人間性などありえないのだ。「死者は死者をして埋葬せしめよ」とイエスは、追随者たちにそっけなくいってのける――当時のユダヤ人にとって、死者の埋葬は聖なる責務であり、埋葬されずに放置される死体というのは、考えられない醜聞であったことを鑑みれば、このイエスの発言は、あきれてものもいえないような、言語道断の考え方であった。イエスは、さしせまる自身の死をストイックな冷静さでうけとめるどころか、ゲッセマネの庭園では、死をおもって恐怖のパニックにおちいる。またいかなる場合にも、彼は病気で苦しむ者たちを、彼らの苦しみと和解せよとは告げていない。その反対で、病人やけが人が人間共同体への全面的参加を拒まれていることの問題点を認識していたようだ。イエスの目的とは、彼らをまず社会全体の友愛関係にさしもどすこと、そうすることによって、彼らを完全な健康状態へと復帰させることであった。

イエスは性にかんすることには、おどろくほどこだわりがない。これは彼の何百万といる追随者たちとは異なる。彼らは性にかんすることしか考えることができないし、そのぶんだけ彼らが街から追放したポルノ業者と共通点は多い。じっさいのところ、新約聖書には性にかんすることはほとんどなにも書かれていない。これこそが、新約聖書がカルチュラル・スタディーズ・コースで教えられることのない理由である。ある時点でイエスは、複数の男と不義密通をした若いサマリア人の女と立ち話をすることで、当時の若い聖職者にとっての三つのタブーを同時に侵犯することになる。女だけに話しかけること、かんばしからぬ性的遍歴をもつ女に話しかけること、そしてとりわけ重要な、サマリア人という劣等民族に話しかけること。彼は、彼女の身持ちの悪い過去を咎めだてすることなく、彼が命の水と呼ぶものを差し出し、彼女はそれをありがたくうけとるのである。とりつかれたようにいろいろな相手と寝ることは、じゅうぶんに満足して生きる能力がないことの証左であるとイエスは主張しているようにおもわれる。

セクシュアリティにかんするこうした無頓着な姿勢と、『ニューヨーク・タイムズ』紙で最近報道されていたコロラド州の〈父と娘の純潔舞踏会〉とを比較してもいいかもしれない。[*12] 床までとどく長さのガウンを身につけ頭をティアラで飾った、大学生年齢の若い女性たち七〇名余が、父親あるいは未来の義父と、シンセサイザーで奏でられる賛美歌音楽にあわせて、七フィートの木製の十字架しか置いていない舞踏室で踊る。デザートのあと、父親たちは立ち上がり、「神のまえで、わが娘を、純潔の分野で権威をもち庇護されるべきものとして覆う〔cover〕」という厳粛な約束を宣言するのである（この文脈において「覆うcover」というのがどういう意味をもつのかは、不明なままである）。このイヴェントは、浮かれ騒ぐ舞踏会とキリスト教の儀礼とを交互に繰り返すようなのだが、一万ドルの経費がかかる。

ランディという男性の娘である若い女性が記者に語ったところによると、彼女が父親からしてもらわねばならないのは、美しいといってもらうことである。「もしわたしたちが家でそれを得られなければ」と彼女はコメントしていた──「わたしたちは社会のなかにはいり、彼らからそれを得なければならない」と。ここでもまた、「それを得るget it」の正確な意味はあいまいなままである。父親たちの何人かは、こう宣言している。自分の娘の純潔を守ると宣誓することで、娘たちの夫は浮気をしにくくなる、と。彼らの主張では、彼らは家族や国家を守るために「抵抗している」のである。何度も、父親たちは娘をしっかりと抱きとめ、短い祈りをささやく。また踊りは三〇分ごとに中断され、父親たちは娘を祝福する。この夕べの終わりに「父親たちは娘たちを、それも顔を紅潮させていたり眠そうな娘たちを出口にみちびいてゆく。

ただしある父親は、ふたりの娘をホテルの周囲の暗い鏡のような水面の湖へと散歩に連れ出した」。『ニューヨーク・タイムズ』のような、かつては名声を誇った新聞が、このような近親相姦的欲望を恥ずかしげもなくむきだしにするお祭り騒ぎに紙面を割くとはスキャンダル以外のなにものでもない。

トマス・アクィナスの主張によれば、罪は、わたしたちの情緒的特性をねじまげてしまうため、わたしたちは正常なセックスを楽しめなくなる。[*13] 罪という言葉によって意味するものが、暴力や攻撃性、妬みや搾取、貪欲さや所有欲などであれば、こうしたものが、わたしたちの生物的かつ情動的なありようを阻害することは否めないだろう。まさにこうしたことすべてを、聖パウロは肉体の罪という言葉で意味しているのだが、現代フランスの哲学者で無神論者のアラン・バディウが認めているように、肉体の罪は、身体の想定される不良状態とは関係がないのだ。[*14] パウロが身体を敵視していたというのは神話である。アクィナスは、独身であったけれども、たしかに正しい（セックスについてなにか語るためには、直接的に性体験がなければいけないと信じるのは経験論者のおちいる誤謬である。バイオリンが演奏できなくても、メンデルスゾーンのバイオリン協奏曲の演奏が上手いかあきれるほど下手かぐらい誰にだって判断できるのだから）。アクィナスは神聖な愛とエロティックな愛とのあいだに明確なコントラストを設けなかった。彼は慈愛は、性愛を排除するというよりも前提とすると考えていた。[*15]

ここで付け加えるべきは、家族にたいするイエスの態度が、徹底して敵対的なものであるということだ。アメリカの広告業界では大いに好まれている家族という心地よくささやかで控えめな集団を、イエスはみずからの使命とばかり引き裂きにかかり、家族のメンバーどうしを仲たがいさせるのである。またたしかにイエスは、とりわけ自分の家族と貴重な時間をほとんどすごしていない。リチャード・ドーキンスは『神は妄想である』のなかで福音書のこうした側面をうんざりするような狭量な偏見の眼で嫌ってみている。福音書にみられる家族への冷たいまなざしは、ドーキンスにとって、宗教カルト集団の誘拐行為を暗示するものでしかない。ドーキンスがみていないのは、正義を求める運動は、エスニック集団や社会的・国民的境界を横断するだけでなく、伝統的な血の絆を断ち切るということだ。正義は血よりも濃いのである。

キリスト教が多くの人びとにとって直感に訴える魅力を発揮するのは、それが世界のヴィジョンの中心に愛を置いているからである——たとえ、これまでみてきたように、その愛のヴィジョンは、およそ愛らしいものではないとしても。このことは、多くの人びとにはかなり説得力のある考え方とうけとめられるだろう。なにしろ大方の体験では、愛は価値あるもののなかでもっとも貴重なものであるからだ。またこの愛は、たとえいたるところで排除され否定されても、人間の歴史の焦点であったことが、ある意味で、こうしたうけとめ方に説得力をもたせている。けれども別の意味では、これはかなり厳しい認識であるともいわざるをえない——なにしろ現実において愛は、どうみても歴史の焦点ではないからであり、またわたしたちは愛が実質的に私的な領域に追いやられている時代に生きているからである。またこのことこそ、キリスト教信仰が、現代の多くの男女にとって意味をもたない、あまたある理由のひとつなのだ。ディチキンスが、その多くを負っているリベラル・ヒューマニズムの遺産にとって、愛は私的・個人的な観点からしか理解されえないものである。愛は、リベラル・ヒューマニストたちの政治的語彙の一部ではないし、またもしそうした語彙の一部としてあらわれたなら、彼らはただ戸惑うばかりだろう。リベラルな伝統によれば、多くの男女の目には人間存在の核に横たわるとおもわれるものは、たとえそれが私的生活のなかで、どれほど重要な役割をはたしていようとも、世の事象のなかでは周辺的な場所しか割りふられていない。政治的愛といった概念は、ディチキンスにとってはほとんど無意味であろう。けれども、これに似たなにかが、社会主義の倫理的基盤になっている。[*16] 政治的愛という考え方が、文明のなかでいかなる意味をになうのかはみえにくい。それにこの文明においては、愛といえば、ほぼもっぱら、エロティックで、ロマンティックで、家庭的なものにかぎられてしまうのだから。ディチキンス的言論が可能な理由のひとつは、この問題にかんして、リベラルな遺産とは異なる角度から解答を提出できる伝統的遺産が、いまやあとかたもなく消え去る危機に瀕しているからである。

*

さて、ここでわたしは、これまで述べてきたキリスト教信仰についての説明にたいして、しぶしぶ解放の神学というレッテルをつけようとおもう。なにしろ真正な神学はすべて解放の神学なのだから。あと、この記述を真実であるとはかならずしも提示しないつもりである。そうしないほうがいいというもっともな理由があるので。ともかくこの記述は、歯の妖精《トゥースフェアリー》〔抜けた乳歯を枕の下などに置いておくと夜のうちにお金に換えてくれる妖精のこと〕と同じく、真実でなくともいたしかたないもっともな理由があるために。しかも、さらにこうつけ加えておく必要もある。つまり、こうした観点をもつことは、世俗的左翼からはいらだちを引き起こし、宗教右翼からは怒りの声を浴びるわけだから、友人や同僚を一挙に失いたいと望む者にとっては恰好の戦略であるということだ。左翼のクリスチャンは、恋人紹介業者や出会い系サイトの常連となるほかはない。しかし、この記述が真実でないかもしれないが、わたしのみるところ、決して愚かでも邪悪でも不条理でもない。そしてもしこうした記述がディチキンスからなんの反応も引き起こさないのなら、ディチキンスの生活はそれだけいっそう惨めなものといえるだろう。

今日、思索的な人びとは宗教的信念を廃棄するもっともな理由をもっている。しかし、宗教的信念にかんするわたしの説明が、たとえ文字どおり真実でないとしても、それでも、それは、わたしたちの政治的・歴史的条件のアレゴリーとして役にたつかもしれない。そのうえさらに、人間の歴史のなかでもっとも長くつづいている庶民文化の一形式を考察する批評家たちなら、宗教の主張、それももっとも説得力のある主張に正面から向きあう道義的な責務をもっているはずで、宗教を、やれごみだの戯言だのと攻撃することで得られる安上がりの勝利に酔いしれている場合ではないのだ。わたしがここで略述した主流のキリスト教神学は虚偽であるといわれてもしかたないかもしれないが、しかしこれを信奉する者は誰であれ、わたしの観点からすれば、敬意を表されてしかるべきなのだ。この主張にとってお呼びでないのは、帝国主義戦争の擁護者であり、大学の教員社交室の窓から宗教を大衆の愚鈍さのいまひとつの証左としてせせら笑うような者たちである。いっぽうディチキンスは、いかなる宗教的信念も、いかなる場所、いかなる時代においても、一考すら要するに足らぬと考えている。そして留意すべきだが、まさにこれが、あろうことか、教条主義を深く嫌悪している男の意見なのである。

わたしが記述した信仰のありようが、愚かでも悪辣でもないかぎり、それを擁護する価値はあると考える。なにしろ敵は傲慢不遜なディチキンスのような者たちで、彼らは驕慢と無知との絶妙なバランスを維持しながら、あらゆる宗教はむしずが走るとうそぶくのだ。宗教の多くの部分が、ナンセンスであることはいうにおよばず、現にむしずが走るということは、わたしたちの論争点ではない。そうではなくて、わたしはここでは、みずからの祖先を擁護するために語っているのであって、わたしたちの祖先が、あろうことか、彼らが命をささげた信条を無価値で空疎だと非難されているのだ。おびただしい数の男女が長期間信奉してきた教理が、なんの利点もないなどということはありえないと主張するのは民主主義の精神にかなっている。それにどんな利点があるのかについては、その教理の信奉者とわたしたちのあいだでは、なるほど意見が異なるかもしれないが、このように利点を熟考することと、それを純然たるごみと考えることのあいだには、大きな開きがある。神秘的な殻《シェル》のなかから合理的な核《カーネル》を引き出す可能性は、つねにあるべきなのだ。[*17] わたしはまた、あまたの数のイスラム教徒のためにも、彼らを擁護するために声をあげようとしている。なにしろ、平和と正義と共感を重んずる彼らの宗教信条が、西洋文化優越論者たちによってごみあつかいされ誹謗中傷されているのだから。わたしたちが生きている時代とは、九・一一以降、人種差別がいま一度、これまでよりも尊敬の念を獲得するようになった時代なのである。

わたしは、ディチキンスが、わたしのおこなった神学的説明に感銘をうけるだろうと、たとえ一瞬たりとも想像するほど、おめでたい人間ではない。なぜならひとつには、この神学的説明は北オックスフォードあるいはワシントンDCにおける慣習的な叡智とはほど遠いからだ。それは人間の条件にかんして、リチャード・ドーキンスが同意しそうなどのような考え方よりも、はるかにラディカルな観点を代表している。ドーキンスにあるのは、少量の社会工学と一服のリベラルな啓蒙主義の効能を顕著に小市民的なかたちで、また鼻につくほど楽観的に信頼する姿勢でしかないのだから（ただし反啓蒙主義陣営には理があるかというと、そうではないことを、わたしはこのあと論ずることになろう）。わたしが示した世界観は北オックスフォードの晩餐会のテーブルで、あるいは合衆国の首都の歓楽街で耳にするようなものではないのだ。

ヒッチンス、マーティン・エイミス、サルマン・ラシュディ、イアン・マキューアンら、[14] リベラルな文学者たちは、称讃にあたいする雄弁さでもって、表現の自由の価値を声を大にして擁護し、偏屈で暗愚のイスラム主義と彼らがみなすものを正しく非難した。これは熱烈に歓迎されてしかるべきである。しかし一概にそういいきれるかどうかはあやしい。ひとつには、最近ラシュディはこう公言している。自分はいまや政治からはほど遠いところにいる、と――このような告白が奇妙におもえるのは、ひとつには、いまこのとき、彼自身の同胞たちが西洋において、これまでになく激しい攻撃にさらされ、眼にあまる侮辱と蔑視に耐えているからだ。いまひとつは、おのが職業にそそがれるエネルギーのほとんどすべてを、ただひたすらみずからの職業状況にもっとも関係する種類のことだけに捧げることは、分をわきまえた見上げた姿勢であるとともに、どことなく自己中心的にみえるからだ。ストライキの権利以外のすべてのことに沈黙している組合労働者について、あるいは妊娠中絶問題を熱く語りながら搾取工場での労働については沈黙しているフェミニストについて、人はどうおもうだろうか。

これはヒッチンスにあてはまる批判ではない。彼はつねに幅広い範囲の問題に政治的にかかわってきたのだから。しかし、ほかの道徳的に憤慨した論者たちにはあてはまる。そもそも自分の書いたものを発表し、自分の考えたことを発言する貴重な権利以外の政治的なことはなにも知らないようにみえる人間が、いくら熱弁をふるっても、その発言をどう考えたらいいというのか。なるほどこうもいえるかもしれない。詩人や小説家に、政治的判断を示すなんら特権的権利はないのであって、同じことは看護師やトラック運転手についてもいえる、と――つまりこうした職業の人たちは、時事問題にかんする発言に耳を傾けてもらえるなんら特殊な資格をもっているわけではないというわけだ。しかしながら、彼らが政治的声明を発したいと望むことは、人間への共感的支援を専門とするこうした職業の人びとが、彼らの直接的関心事を——たとえそれがいかに重要でも——超えたところにあるものをみようとするわけだから、まちがいなく好ましいことである。

ディチキンスとわたしのような者たちとの対立は、神学的なものであると同時にきわめて政治的なものである。リチャード・ドーキンスとわたしとがもっとも根本的なところで異なる点とは、おもうに、神とか科学とか迷信とか進化あるいは宇宙の起源といった問題ではないはずだ。神学者は、たとえば進化といったまだるっこくぞんざいなプロセスが、はたしてヘンリー・ジェイムズのようなとびきり精密で複雑な存在を生み出しうるか否かという問題に、神学者なりに関心をもつことはない。科学と神学とのちがいは、わたしが理解するかぎりでは、あなたが世界を贈り物としてみるかどうかにかかっている。この問題は、事物を検証するだけでは解決しない。ちょうど、磁器の花瓶をいくら調べたところで、それが結婚式の引き出物であることは推測できないのと同じように。ディチキンスと、わたしのようなラディカルな人間とのちがいは、人間の条件の究極的シニフィアンが、拷問をうけ殺害された政治犯の肉体であるかどうかをめぐって、またそれが生きている者たちに何を意味するのかをめぐって分かれるのである。

信仰については、以下のことはディチキンスが考慮に入れていないようにおもわれるのだが、そもそも信仰とは、なにかが、あるいは何者かが存在することを信ずるか信じないかの問題ではなく、参加と連帯の問題である——それは、自分がとらわれている恐るべき状況に変化をもたらすものにたいする信仰であって、これはたとえば、フェミニズムや反植民地主義への信仰と似ている。そもそも信仰とは、現実にかんする記述を正しいと認める文書にサインすることではない――たとえ、そういう面をふくむとしても。キリスト教信仰は、わたしの理解するかぎり、そもそもが、〈至高の存在〉があるという命題に賛同署名するかどうかの問題ではなくて、特定の人間によっておおやけにされる参加表明めいたものである。この種の人間は、極限状態にあり、暗黒と苦痛と困惑のなかで身動きがとれないながらも、にもかかわらず、すべてを変容させる愛の約束をどこまでも信じつづけることにしたのだ。世界にかんしてドーキンスたちと見解が異なるのは、ドーキンスらが、みずからを恐るべき状況にあるとはみていないことにある（わたしと異なり、彼らは、オックスフォード大学の学寮の教授用食卓《ハイ・テーブル》を恐るべき状況のひとつにはカウントしていないようだ）。信者と呼ばれているなかば精神の錯乱している多数の人びとがいることだけを彼らは憂慮しているにすぎない。

　彼らが腐敗や堕落といったあつかいにこまる旧式の観念に、なんの効能も見出せないのは当然である。アウシュヴィッツ以後ですら彼らの観点では、購れるべき大罪なるものはなにも存在しないのだ。ものごとは、さほど絶望的ではない。彼らの意見では、ものごとが絶望的だと想像するのは、深刻ぶって誇張して好き勝手な御託を並べる左翼にすぎない。あなたが平均的なリベラルな合理主義者なら、人間の拷苦にみちた状況にもかかわらず、希望はかろうじて残っていると信ずる必要などない。そもそもそんな悲惨な状況があるなどと誰もはなから信じていないというわけだ。なぜ神にまつわる議論が、彼らに訴えかけないのか、その重要な理由が、たとえこれひとつではないにしても、ここにある。なるほど多くの人びとが、それなりに信ずるにたる理由をもって神を否定しているが、ここでの問題にかぎっていうなら、ディチキンスが神を否定する理由というのは、ありきたりで、また政治的にも信憑性はないのである。

人間の歴史のなかで最初の真にグローバルな大衆運動としてのキリスト教は、来るべき神の王国としてみたもののなかに正義と友愛と自己実現の条件を見出すのだが、それはオックスフォードやワシントンの富裕層のなかで通常可能であるとか望ましいとか考えられているいかなるものをも超越するのである。ワシントンのバーで百戦錬磨の政治ロビイストにむかって、喪失と虚無と自己剥奪という悲劇的プロセスをとおしてはじめて人間は、自己実現できると語ることなど、想像するだにむずかしい。そうした洗練されたサークルでは、神の実在を語ることは、社会主義の理想を語るのと同じく、とうていうけいれられないのだ。宗教と社会主義、どちらの言語ゲームも、現代の資本主義の手堅い実務主義を重んずる精神風土にスムーズにすべりこむことはない。クリストファー・ヒッチンスが解放の神学について「残念な」出来事と評したとき、彼は神学のみならず、それと同等の重みで解放についても批判しているのではとうけとめられてもおかしくなかった。『神は偉大ならず』のなかでヒッチンスは、解放の神学というこの運動を、ローマ教皇は異端として却下してよいじゅうぶんな理由があるとまで示唆している。クリストファー・ヒッチンスが教皇の側に立つのは、めったにあることではない。

しかしこういう発言は、彼の政治姿勢とは波長があっている。いわゆる一九八〇年のサンタフェ文書で、合衆国政府は、そうした神学を転覆的で脅威となるものと批判している。ダニエル・デネットの中立的な立場から書かれ、案外ありきたりな宗教批判の書である『呪縛を解く』から推測できるのは、デネットは、イラク侵攻を、もしそれがもっと手際よくおこなわれていたら、望ましいと考えているふしがあるということだ。ここからさらに示唆されることは、無神論的偶像破壊者のすべてが、語のどんな意味においても、かならずしもラディカルではないということである。

高度資本主義社会は、内在的に無神論的である。それは現実の物質的実践においても、またそこに暗黙のうちにある価値観や信念においても、たとえ資本主義の擁護者たちがいかに敬虔ぶっていても彼らは、神を必要としていない。そのかぎりにおいて、資本主義はまちがった面において無神論的であり、いっぽうマルクスやニーチェは、おおむね正しい種類の面で無神論的だった。パッケージ化された充足、管理された欲望、管理された政治、そして消費経済からなるこの社会が、神学的な問いが発せられうる深みにまで到達することはありそうもない。こうした社会は、ある程度の深刻さをともなった政治的・道徳的問いかけをはなから締め出しているのだ。こうした環境下では、そもそも神の意味はあるのだろうか。それがイデオロギー的正当化、精神的ノスタルジア、価値なき世界から私的領域へと解放されるときの手段以外に、いかなる使い道があるというのだろうか？

仮借なきまでに実利的な資本主義社会の表から追放された、いわゆる精神的価値なるものの避難場所のひとつが、ニューエイジ主義であり、これは精神的なるものについて、物質文明が産出するとおぼしき戯画めいたものにほかならない。石の心をもった者が感傷的な音楽に涙しがちなのと同じく、真正の精神的価値については、たとえそれが膝元に落ちてこようとも気づくことのない人間だからこそ、精神的なものを幽玄で希薄で秘儀的なものとしてみがちなのである。ちなみに、これこそ、マルクスが宗教について書いたときに念頭にあったものだ。彼は宗教を「心なき世界の心、魂なき状況の魂」と呼んだのだから。つまりマルクスは、伝統的な宗教は、心なき無情な世界にとって想像しうる唯一の心であるといわんとしたのだ。ちょうど唖然とするほど露骨で下卑たユーモアだけが、ユーモア精神のない者が理解できる唯一滑稽なものであるように。マルクスが攻撃した宗教が露呈しているのは、精神的なものについての感傷的で現実離れした理解であって、それは筋金入りの物質主義者にこそふさわしいものだった。

マルクス自身が指摘しているように、ロマン主義は、あろうことか、実利主義の裏面なのである。そのほかの点では世俗的でシニカルでハードボイルドな者たち（ハリウッド映画のスーパースターといったところだが）も、こと精神的なものになると、底抜けの騙されやすさを露呈する。世俗的な人間ほど、超俗的なものはない。冷酷な実利主義者ほど、涙もろいものはない。精神的なものは、彼らの弁護士や秘書や代理人や理髪師から想像できうるかぎり遠いところになければならない。そうすれば彼らの世界の代替となるファンタジーを提供できるのだから。まさにだからこそ、ほかのすべての点において都会的に洗練され世慣れた人間が、地球上の事象がすべて、雲間に隠れているエイリアンの宇宙船からコントロールされていると信じてしまうのだ。もし彼らが、銀行に三八ドルしか預金がなければ、こんなことは信じたりしないだろう。お金は、非現実をはぐくむ大いなる張本人である。精神性とは病める者を見舞うこと、正義のために戦うことであるという考え方は、現代のカバリスト、占い師、魂のカイロプラクティック師にとっては、耐え難いほど散文的なものとうつるだろう。そんなことは彼らの秘書や理髪師だってできるからというわけだ。

まさにこうした点から、マルクスは宗教のことを、魂なき状況の魂であるだけでなく「抑圧された者たちのため息」と述べたのである。[*18] わたしたちの時代におけるニューエイジ宗教の驚くべき台頭は、まさにこの種のものである。それは現実世界を変革するという使命を提示するのではなく、現実世界からの避難場所を提供する。抑圧された者たちのため息は、抑圧された者たちの怒りの叫びとは逆で、わたしたちの調子がおかしくなったことを示す病的な徴候にすぎない。フロイトにとっての神経症的徴候と同様、この種の宗教的信仰は、妨害された欲望を表明しながら、同時にその欲望を別のものにすりかえてしまうのである。それが理解しようとしないのは、わたしたちが物質面において変わりさえすれば、語のいかなる真正の意味においても、精神的に生きることができるということだ。ロマン主義と同じく、それは心なき世界への反動、感覚と価値の領域だけに限定されたままなのだ。それゆえそれは、精神領域の破綻にたいする抗議なのだが、その破綻をもたらしたものとどこまでも共謀関係にある。にもかかわらず、そうしたニューエイジ宗教は、不満の徴候なのである。たとえいかに歪められ不快なものであっても。「抑圧された者たちのため息」「心なき世界の心」「魂なき状況の魂」といったフレーズは、マルクスにとっては純粋な侮蔑語ではない。宗教的イリュージョンは、より現実的な抵抗形式の代用なのである。それらは、道標なのである――ただしみずからがその解決とはならない問題の所在を示すところの。

イスラムのラディカリズムとキリスト教の原理主義は、これとはまったく異なるだろう。それらはロマン主義やニューエイジ主義とちがい、大衆運動であり、たんに不満をかこった少数者の教理ではない。ここでの宗教は、民衆の阿片どころか、上物のコカインである。原理主義はたんに世界からの逃避場所を求めるのとは大きく異なり、世界を変革することに乗り出すのだ。原理主義は近代の価値観を否認するとはいえ、近代的なテクノロジーや組織形態は、それが化学兵器であれ、メディア・テクノロジーであれ、諸手をあげて歓迎する。イラク侵攻を支援し、関連したマニフェストのなかで「われわれは近代への恐怖を否定する」[*19]と書いたイギリスの左翼ならびに元左翼は、ふたつの点でまちがっていた。イスラム主義は近代をやみくもに拒否しているわけではない点、そしていずれにせよ、近代には拒否されるべき要素がけっこう多い点において。化学戦をささいな警告としてみるだけでも、あなたはノスタルジックな反動主義者にならずにすむ。もしこのことを恐るるに足らぬと否定するのなら、近代のなんたるかを理解するのはむずかしいだろう。

　キリスト教原理主義は、それが非難を向ける相手、すなわち快楽主義的で相対主義的文化に真向勝負に出て、秩序と貞節と節度と勤勉さと自制心と責任感を、まさに神なき消費主義が駆逐しかねない価値すべてを復帰させようとしている。ある意味でキリスト教原理主義がおこなう現状への批判は、きわめて正しく、だからこそ多くのリベラルたちがキリスト教原理主義を嫌うのだろう。後期資本主義は、精神なき快楽主義と性的強迫観念と低下したモラルからなる文化をはぐくんでいる。そこで原理主義が治療法を提示するのだが、あいにくその治療法は、病気よりもさらにひどい。原理主義は、超俗的彼岸的であるといえるのは、それが絵空事を思い描いているからではなく、その価値観が初期の資本主義時代（産業資本主義時代）に由来するからである。それは抑圧された者のため息ではなく、排除された者たちのそれである。原理主義者たちはそのほとんどが、資本主義によって取り残された人びとである。資本主義は、彼らの信仰とは縁を切った。そして資本主義はおそらくこれからもそうするだろう。もはや利益を生み出さなくなった人びとあるいは事物にたいして。

　ただ、ニューエイジ主義が非政治的なら、キリスト教原理主義は反政治的である。それは政治的に過激になるかもしれないが、基本的には文化主義的形態をとり、政治にかかわって宗教を中心にすえようとするものだ。ほぼ同じことがアルカイダにもあてはまる。たとえ政治的大義のためとはいえ、公共の場に爆弾を仕掛けることほど反政治的なことはないだろう。ギルバート・アクカーが論評しているように、キリスト教の解放の神学は、左翼政治勢力全体の構成要素になっているのにたいし、「イスラム原理主義はムスリムが主導権を握る国々において、左翼のライバルもしくは代替勢力として発展してきた――つまり「現実の悲惨さ」と、それに責任をもつ国家や社会にたいする抗議の矛先を、別のところに向けようとしているのだ」[*20]。まさにそのようなものであるとすれば、イスラム原理主義は、文化がおのが力強さにうぬぼれ政治的なものを接収してしまうという危険な傾向を露呈している時代の申し子なのである。いわゆるアイデンティティ政治においても同様の傾向はみられる。そのいくつかは、政治的なものにたいする同じくグローバルな規模の幻滅の申し子である。イスラム原理主義は、キリスト教原理主義と同じく、政治にかわって宗教を中心にすえることができると信じている。政治が、あなたを解放することに失敗したのなら、たぶん宗教はもっとうまくできるだろうというわけだ。この問題については、本書の最後で立ちかえることになろう。

したがって、こと宗教にかんして、わたしたちの時代に際立っているのは、ただたんにそれが、イスラム過激派やロシア正教にはじまり、ラテンアメリカにおける〈聖霊刷新主義運動〉や〈福音主義的プロテスタント〉にいたるまで、あちこちで勃興しているということにとどまらない。それはまたこの盛り上がりが、しばしば政治的形態をとるようにおもえることだ。けれどもこの場合は、政治の再活性化というよりも、政治プロパーの破綻を反映しているのである。西洋における近代とは、おおむね、宗教が公共圏から後退し、私的営みとして、たとえば

3Pのセックスとか象嵌細工のようなものとしてはぐくまれるようになった時代である。もしこのようにして宗教が無意味なものになるとしても、それがあたえるダメージはすくなくとも軽微なものである。なにしろポスト近代とは、宗教がふたたび公的かつ集団的なものとなる時代なのだが、しかし、宗教は古典的な政治の代用になりおおせるのであって、その再主張化とはならない。わたしたちは、後期資本主義社会の呪縛が危険なまでに強まるのを目撃している——さしずめそれは、機械的複製時代後の精神的なるもののオーラの再点火とでもいえようか。これは、いまひとたび、かつてのように扇動し殺す準備がととのった宗教である。おそらくこれはまたポストナショナリズム現象のひとつでもあろう。近代という時代においては、ナショナリズム、それもおそらくは政治のもっとも「詩的」形態としてのナショナリズムが提供したのは、精神的あるいは象徴的エネルギーのはけ口そのものだったが、いまやこのエネルギーは移住を余儀なくされている。ポストモダニズムは革命的ナショナリズムが終わるところから出発する。

わたしが略述した種類の神学にたいするポストモダンの反応とはなにか。ポストモダン文化は、そのような神学をかなり意識的に却下するという考え方は、おかしい。そもそも、ポストモダン文化に、意識的な原理原則のようなものはない。それは、スワヒリや南極を排除できないのと同じく神学を排除できないにすぎないのだ。そのような社会秩序がポスト神学的といえるのは、マドンナがポスト・ダーウィン的だというのと同じ意味あいでしかない。意気盛んなポストモダン神学というのもあるが、しかしこれはポストモダン文化全体の典型とはいえないだろう。「恩寵」とか「堕落」とか「救済」という言葉が、社会秩序のなかで大きな力を発揮するとはとてもおもえない。なにしろこの社会秩序では、「解放」という言葉ですら、困惑した沈黙でもって迎えられるのだ。解放って、正確には、どこからの解放？　それって六〇年代的で、うそっぽいよね。変革された未来というのはありうるのだろうかというわけだ。そもそも、あるポストモダン思想家が気負いこんで述べたように、この文化にとって未来とは現在にすぎない、それも「ただオプションが多くあるだけの」現在にすぎないのだ。

かなり自己充足し、おおかれすくなかれ状況はこれ以上好転しないとあきらめ、社会はすくなくとも以前よりも格段に進歩したと考えているような文明において、信仰とか希望がどんな意味をもつのだろうか？　信仰が、純然たるイデオロギー機能以外のどのような役割をになうのか、それはなかなかみえてこない。とりわけ西洋世界では住民たちのなかには、みずからの世界を人間の歴史の完成態であり、あとはもうなにも変わりばえしないと考える者たちがいるのだから。このような生活様式は、いかにしてつぎのことを、うけいれるというのだろうか――わたしたちの状況には根源的にまちがったなにかがあるということを、またそのなにかはただたんに積もり積もってゆくのではなく、いくつかの面ではもう耐えがたいものになっていて、この矛盾と耐えがたさの重要な証《あか》し、それが貧しい者たちの窮状であるということを。

現在までのところ、資本主義はその宗教的・形而上的上部構造を、たとえ将来捨てることを余儀なくされるとしても、いまはまだ捨てていない。とりわけテロリズムの世界にあって、社会的に機能不全をおこした原理主義と宗教的信仰がますます同一化するようになれば、宗教が消えてなくなる可能性は否めないだろう。現在にとっての、とりわけ合衆国にとっての問題は、市場から放逐された精神的価値のいくつかが避難できる数少ない場のひとつとしての宗教が、この御時勢に防衛的かつパラノイア的さらにはなかば病的なものになってゆくことだ。宗教が現実的世界からかけ離れていることが、こうした事態の原因のひとつとなる。ちょうど世間離れが、モダニズム芸術のいくつかにみられる「病理的」特質の原因ともなるように。宗教はそれゆえ、社会秩序を、それも生まれつき神以外のことを優先事項にしている社会秩序を正当化する機能をますます失ってゆく。それゆえイデオロギー機能の多くももたなくなり、宗教の不適確性にますます拍車がかかる。社会秩序は、それが尊んでいるとおぼしき精神的価値を、信じないばかりか、信ずることができなくなることを、その日常的実践のなかで露呈している――日曜日の教会で、あるいは大統領の国民への演説のなかで、精神的価値がいくら厳粛に唱えられようとも。社会秩序がおこなっていることと、それが、おこなっていることを、みずからにたいして正当化するそのしかたが、たがいにグロテスクなまでに齟齬をきたすようになる。理想と現実との不一致はまた宗教の大部分にあてはまる。これからさらにみてゆくように。

第二章

裏切られた革命

The Revolution Betrayed

キリスト教信仰にかんしてわたしが略述した説明そのものは、どこまでも正統的で聖書に依拠した伝統的なものと考えている。そこに流行の先端をゆく最新情報めいたものはなにもない。その説明の多くはトマス・アクィナス、あるいはそれ以前にさかのぼる。そうした説明は、わたしのみるかぎり、人間性にかんする認識としてはドーキンス一派よりもはるかに現実的である。つまりこうした説明は、人間の堕落とか邪悪さをじゅうぶんに考慮に入れていて、のちにみるような『神は妄想である』における人間の進歩をめぐる少女パレアナ的な底抜けの楽観論とはいちじるしい対照を示しているからだ。と同時に、この説明は、悲惨な状況が修復される可能性について、リベラル・ヒューマニストたちや合理主義者たちが舌をまくほどゆるぎなき確信をいだいている。人間という種にたいする見方としては、良識派のリベラルな知識人層を顔色なからしめるほど悲観的である（この悲観性に匹敵するのは、フロイト主義とアルトゥール・ショーペンハウアーの哲学くらいだろう）。そしてたしかに懐疑的であることにかけては、アメリカのイデオロギーのナイーヴな楽天的上昇志向など、その比ではない。なにしろこのアメリカのイデオロギーたるや、やる気と意欲さえあればなんでもできると確信することが、希望を失わないという美徳そのものだと勘違いしがちなのだから（ワールド・トレード・センターにかわる、さらにもっと高いビルを建設することをおもいつけるということ自体、この国の国民が、あきらかに学習能力を欠いていることの証左であり、国家安全保障という観点からも、いかがなものかといいたいのだ）。けれども、それはまた人間の脆弱さそのものが救済的な力になりうることを信じている。この点において、それは社会主義と意見を同じくしている。社会主義にとって未来の社会秩序の先駆けとなるものは、現在において失うべきものがほとんどない人びとであるのだから。

キリスト教は、人間の邪悪さは歴史的に生じており、政治行動によって処理できると、そう信じている。しかしまた、人間の悪辣さのスケールと執拗さを考慮すると、これですべて一件落着と考えることなど夢物語だとも考えている――人間という種の構造そのものに欠陥や矛盾が組み込まれているため、ただ歴史的にさかのぼって原因を究明すればこと足れりというわけにはいかないのだ。精神分析もほぼ同じような考え方をする。現在にいたるまで美徳が支配的であった人間文化など存在しなかった。そうならなかった原因のいくつかはとりのぞけるだろうが、とりのぞけない原因もあるだろう。だからといって、人種差別や男女差別あるいは資本主義は打破できないという結論をくだすつもりはなく、ただ、冷静にみすえれば、そうした廃絶運動はもろもろの困難に出会うにちがいないということだ。けれども同時にキリスト教信仰は、リベラルな合理主義など足元にもおよばぬほど、あっけらかんと一途に希望をいだき、さらに常軌を逸した確信に身をゆだね、こう信じている――人間という種の救済は可能であるばかりか、わたしたちが新聞で読んでいることとは裏腹に、原則として、すでに生起している、と。いかにおめでたいトロツキー主義者ですら、そうまで信じてはいまい。

現実に存在している宗教にたいしてディチキンスが放ったおびただしい数の批判は、どこまでも正当化できるものであって、たとえ恩着せがましいかたちであれ、批判を突きつけたことは大きな称讃にあたいする。たしかに、たとえば聖職者による幼児虐待や宗教的男尊女卑にたいする非難として、ここまで手厳しくまた大々的なものは想像しがたい。けれども、いまさらこう主張しても新鮮味はないのだが、ディチキンスの宗教批判のほとんどが、教義の多くにたいする驚くほどの無知をさらけだしている――わたしはこうした事態をわかりやすく説明するため、たとえば『イギリスの鳥類ガイド』をちょっとかじっただけで生物学上の難解な問題に判断をくだせると自信たっぷりの人間の傲慢さのようなものだと、別のところで語ったことがある。[*01] いやディチキンスは社会現象としての宗教について語っているのだと弁護するむきもあろう。しかし、たとえばファシズムの教えを知的に正確に把握することなく、社会現象としてのファシズムについて、どう語るというのだろう。デニス・ターナーが述べているように、「無神論者たちが彼らなりに神学面で支離滅裂なのは尋常なことではない」[*02]。スティーヴン・マルホールが同様な批判調で「無心論者による神についての迷信的な考え方」[*03]と書いている。神学について初歩的（あるいはサタン的）理解以上のものをもっている無神論者は、宇宙人に拉致されたことのないアメリカ人のように、きわめて稀《まれ》なのである。

実のところ多くの世俗知識人が、自分の専門外の分野でおこなわれていることについて、理にかなった洗練された見解を有していながら、神学の伝統的な主張について語るだんになると、極端に粗雑で幼稚なヴァージョンの押し売りに走るのである。神学は、中世における最盛期においては諸学の女王だったが、今日では諸学におもうようにもてあそばれ、威厳を失った意味でいう諸学の「情婦《クイーン》」と化している。こうした知識人たちは、つぎのような考え方をキリスト教の教理としてふれまわっている――いわく、神は宇宙の外にいるなんらかの超越的存在であり、神は職人が腰掛けをつくるのと同じように世界を創造し、この神を信仰することとは、神が実在するという命題に全面的に賛同することを意味し、わたしのなかに魂と呼ばれる真実のわたしが存在し、もしわたしたちが極端に行儀が悪いと、神はその魂を地獄に堕とすし、わたしたちは、この神性に全面的に依存するため自分の意志でものを考えたり行動することができなくなり、そしてこの神は、わたしたちが罪深いか否かについて気にかけているため、もしわたしたちが罪深いなら、神の怒りを緩和する必要がある、と。こうした世俗的ファンタジーにはきりがない。

読むまえから予想がつくようなありがちな議論をダニエル・C・デネットは『呪縛を解く』で展開するのだが、そのはじまりの方で、宗教を「超自然的な単一もしくは複数のエージェントの実在を信じることを参加者が宣誓し、参加者がそうしたエージェントの賛同を得ようと努力する社会システム」[*04]と定義している。しかし、キリスト教との関連でいえば、これはジャガイモの歴史を語るのに、まずジャガイモをガラガラ蛇の珍種として定義することからはじめるようなものだ。予想どおり、デネットがいだく神のイメージはサタン的なものである。彼はまた、ディチキンス的な誤解をしていて、宗教は世界の成り立ちを説明しようとしているが、目も当てられない失態をさらしていると主張するのだ。しかし、これはバレエを踊るダンサーをみて、バスに駆け込み乗車しようとしているのだろうが、これでは失敗であると語るようなものである。ヒッチンスもまた神についてこう書いている。人間の男女に彼らがいかに価値がないかを教え込む、気むずかしく妬み深く流血を好む存在であると。神がサタンでもあるといいたげである。彼の観点からすれば、全能の神は、わたしたちをつねに監視下におくＣＩＡの宇宙版であるかのようだ。

こうした人びとに、これはキリスト教信仰の粗悪な歪曲だと語ったところで、彼らは、それが、たとえ現代ではリベラルな修正主義者によって見捨てられたとはいえ、オーソドックスな教理であることにかわりはないと信じて疑わないだろう。神学にかんするかぎり、ディチキンスはイアン・ペイズリー[01]やテレビ伝道者たちと驚くほど共通点が多い。どちらの側も宗教がどのようなもので構成されているかについて、かなり似かよった考え方をしている。ディチキンスがそれを否定すると、いっぽうでパット・ロバートソン[02]と彼のお調子者の仲間たちが肥えふとる。たとえば、多くの事例で周到な配慮をみせる精神の持ち主でも、苦もなくはなはだしい偏見に屈してしまうような、そんな話題というものがつねにある。たとえばほとんどのアカデミックな心理学者にとって、それはジャック・ラカンであり、オックスブリッジの哲学者にとって、それはハイデガーやサルトルであり、前ソ連ブロックの市民にとって、それはマルクスであり、そして戦闘的な無神論者にとって、それは宗教なのである。

宗教を虚偽意識以外のなにものでもないと考える人びとが、かくもしばしば宗教を歪曲するのは、たしかに論理的なことではある。なにしろ、もしあなたがある信念体系を愚かしいだけでなく凶悪だと考えているのなら、その信念体系を綿密に研究しても得られるものなどないと予想するだろう。カバラやオカルトや薔薇十字団のじっさいの主張にかんする時間のかかる研究に着手しようと誰がおもうだろうか――まだ読みかけの『戦争と平和』がテーブルに置かれ、寝かしつけなければいけない子どもたちがいるというのに。そのため宗教に向けてもっとも凶悪な攻撃をしかけてくるのは、宗教について語る資格のない無知な者であることがごくあたりまえのこととなっている。これは文学理論を攻撃する者の多くが、文学理論を読んで嫌いになったのではなく、嫌いだから読んでいないのと似ている。あたかも、宗教のことになると――つまり彼らにとって、人類史がこれまで目撃した単一のもっとも強力かつ遍在的かつ執拗な民衆文化形式で、また多くの点においてもっとも不快な民衆文化形式つまり宗教の話になると――、昔ながらの曲解がまかりとおるというわけだ。しかも、こうした反宗教的見解を、あくまでも一般人の側に立つという者たちが、しばしば共有するのである。

同様に、政治的左翼にたいしてなら、どんな攻撃であれ卑劣すぎることはなく、どんな中傷であれ陰険すぎることはなく、どんな侮辱も冷酷すぎることはないと、ある種の敵対者たちは考えている。その敵対者のなかに、わたしたちはいまやディチキンスの酔っぱらいになりやすい半身〔ヒッチンスのこと――酔ってメディアに登場して顰蹙をかっている〕をそのなかに加えざるをえないのだが。いろいろな話題については、むりにでも精密な区別立てをするのがあたりまえのリベラルな合理主義者たちが、こと神の話となると、好きなだけ耳障りな悪口雑言を並べたてても、彼らは、ほめられこそすれ、お咎めはない。いわゆる非合理主義をまえにすると、科学は苦もなく口汚い罵《ののし》りにはしる。テロとの戦いがそうであるように、そうした合理主義は、「非合理主義」に抵抗するまさにその行為のなかで、相手取っているその「非合理主義」をまねてしまう危機におちいるのである。

キリスト教をこのような攻撃の欺瞞的な標的にすることは、ありきたりなこととなっている。それも大学人や知識人のあいだで――もし彼らの教える大学一年生が、ものごとを茶化すようないたずら書きなどをしようものなら絶対に許さない彼らも、こと宗教にかんしては、たちの悪い大学一年生以上に嬉々として通俗的な戯画化に熱中してしまうのだ。ディチキンスの神学批判は、たとえば、小説を読んで、ここはすばらしい、またちょっとやばいところもあるが、最後は泣かせるという程度のコメントをして自分を専門家と思い込む人間の文学評論めいている。たとえばディチキンスは、あらゆるキリスト教徒は信仰主義者であり、理性は信仰とは無関係であると考えているが、これはスコットランド人は全員みすぼらしいと信ずるのと同じようなものである（ちなみにウィトゲンシュタインは、信者でないが信仰主義者であるという稀有な特質をもっていた）。ヒッチンスの『神は偉大ならず』には、初歩的な神学上の誤謬がちりばめられている。その本によると旧約聖書の神は決して連帯や共感について語っておらず、キリストには人間的性質がなく、復活の教義はキリストが死ななかったことを意味する。ヒッチンスは、シュールなまでにはしょった歴史を語る一節のなかで、紀元前二世紀のマカバイ家〔03〕という謎めいたユダヤ人一派はキリスト教の誕生に関与しているだけでなくイスラムの到来にも関与していると考えているようだ。彼がそのいきおいでスターリン主義の到来にも責任があるとしなかったのは驚くべきことである。ドーキンスは、彼なりに、パウロはヘブライ人への手紙の著者であると信じ、またイエスが神の子であると語ることは、彼が全能であるということを意味すると信じているようだ。汝の敵を愛せ〔04〕という含蓄にとむ忠告は、すまし顔で無視される。この世界にフランク・カーモードのような人物はきわめて稀なようだ。[*05]

『神は偉大ならず』はまた、無神論原理主義が、ある意味で、キリスト教原理主義の逆転した鏡像であることを、みごとに示してくれている。それは両者ともに度を超して熱くなり、たいくつなまでに一途なこだわりをみせるというだけではない。ヒッチンスは〈創世記〉が有袋類について言及していないと真剣に論じている。旧約聖書のユダヤ人たちは砂漠を四〇年間も放浪したはずがないとも論じている。またバシャンのオグ王〔05〕の巨大な棺をもってくるなどということはありえなかったかもしれないとも論じている。これではまるで誰かがあなたを納得させようと、建築面と生物面のディテールに着目しつつ、キング・コングはエンパイア・ステート・ビルをよじ登れない、なにしろビルはキング・コングの重みで崩壊するからだと躍起になって証明せんとしているようなものだ。しかし、だからといって、聖書全体を、神話や詩といった虚構の領域へと追いやり、聖書を合理的・歴史的探究の魔の手から逃がしてやろうというわけではない。ただたんにこうした領域と聖書における歴史的事実との関係は、きわめて複雑であると指摘しておきたいのである。ほかの多くの点と同様、この点についてもヒッチンスは、何世代にもわたる現代の聖書学について、あきれるほど無知である。

彼は、その本の別のところで、「アイロニックな精神や探究精神よりも融通のきかない限界のある精神を上位に置こうとする」宗教的試みを非難している。彼が、原理主義者と同じレヴェルで、もっぱら見解の相違にすぎないことについて多くの時間を割いて論じているのをみるにつけても、彼の、このいまの精神にかんする分類法のうち、彼自身がどちらの側に身を置いているのかは歴然としている。なにしろ彼にあっては、本来発揮されるべきリベラルなアイロニー精神が、その議論の大半において、杓子定規な実証主義精神に苦もなく屈しているのだから。原理主義とは、その大部分において、想像力の欠落を意味しているし、彼の想像力は、聖書をあつかうだんになると（たとえば、彼のジョージ・オーウェルやソール・ベローの読解とは対照的に）、その働きが目もあてられぬほど鈍ってしまうのだ。ドーキンスと同様、彼も神学上の主張を把握しそこねている。たとえば戯曲『マクベス』のなかから、その全体の錯綜した文脈を無視して夢遊病の場面だけを取りあげ、憤慨しながら、わたしたちに、いったいこんなことが起こるのかどうかと問いかけるような無能な文学批評家に彼は似ているのだ。しかしこう語ったからといって、キリスト教徒は福音書を虚構とみなしているといいたいわけではない。じっさいのところ、虚構か現実かという素朴な対立が問題の一部なのである。

＊

けれどもキリスト教にたいする批判者の知的ずさんさには、キリスト教そのものにも大きな責任があることはまちがいないだろう。スターリン主義という、とびきり明白な例を別として、キリスト教ほど、みずからの革命的起源をこれほどひどく裏切った歴史的運動はまずないだろう。キリスト教は、貧者と所有せざる者の側に立っていたはずが、ずいぶんまえから裕福で攻撃的な者の側に立つようになった。リベラルな体制側は、キリスト教を恐れるどころか、そこからあらゆる利得を引き出している。キリスト教は、その大部分が、郊外に暮らす富裕層の信仰となり、もはや、イエス自身が親しくつきあっていた下層民や隠れ反植民地運動家たちに向けた驚くべき約束ではなくなった。〈アナウィム〉という、アメリカ英語ではだいたい「負け犬 loser」と訳すことのできる人びとにたいする都市郊外族の反応とは、いまや、トイレで水を流すように彼らを街角から排除するというものになったくらいだから。

このブランドの信仰は、女性の乳房をみると怖気《おぞけ》たつくせに、富める者と貧しき者とのはなはだしい格差にたいしては泰然自若としていられるのだ。中絶された胎児の死にたいしては嘆き悲しむくせに、アメリカの地球支配の名目のもとイラクやアフガニスタンで子どもたちを焼き殺すことになんの心の痛みも感ずることはない。一般的にこの宗教は、みずからの姿に似せた冒瀆的な神を崇拝している——その神は、きちんと髭をそり、ショートヘアで、銃を携行し、セックスにかんすることには敏感で、地球上のカナダ以南でメキシコ以北の存在論的に特権的地域住民にたいしてのみ特別な配慮しているのであって、ヤハウェのように、家もなく顔もなく国家もなく似姿もなく、みずからにつき従う人びとを、その心地よい棲家から、道なき砂漠の荒野へと追いたて、みずからへの捧げものを焼く煙が鼻につくなどと、ぶっきらぼうにいってのけるようなこともない。アメリカには「成功者〔＝達成者〕のための」祈りというものがあると聞いたことがある。その祈りのなかで神は「あらゆるもののなかでもっとも偉大な成功者〔＝達成者〕」とされる。じっさいのところ神が達成したことで、わたしたちが現にこの眼でたしかめることができる唯一のものは、この世界である。そしてもしこれが、神のおこなえる最善のことであるとするなら、神の能力の低さに人は落胆してもいたしかたない。

キリスト教は、この世界の権力に一体化するのを拒んでいたはずが、いつしか嘘つきの政治家たち、腐敗した銀行家たち、狂信的なネオコンたちの吐き気がするような御託《ごたく》と化してしまった。もちろんそれ自身で膨大な利益をあげる産業であることもいうまでもない。現在、アメリカには、契約（一年ごとに更新）を結ぶことで、キリストが降臨し、あなたが天に「召され」、また、あなたの不信心な友人や同僚たちが地上に留め置かれるまえに、彼らに最後の改宗を訴えるメッセージを自動的に電子メールで送りつけてくれる会社がある。おそらく地球上の国で、合衆国ほど、その度を過ごす才能を大いに発揮して、新約聖書からこのようなナンセンスな迷信の山を引きだす国はないだろう。

キリスト教教会は、イエスの名のもとに、拷問と殺戮をくりかえし、反対者をさらし者にし批判者を焼き殺した。教会は、これまでずっと弁舌が達者で、敬虔で、残忍なまでに抑圧的で、悪辣なまでに頑迷であった。この種の信仰にとって、道徳は、会議室の問題ではなく、寝室の問題でしかなかった。それは神の名で殺人的な独裁体制を支援し、批判や悲観論を非愛国的とみなし、キリスト教徒であることの意味とは、うつろな微笑を絶やさず、一定の銀行預金を維持し、敬虔な常套句がつねに口からあふれでるように心がけることと、まあ、そんなふうに想像している。それはテロを否定しているが、ＣＩＡのような誘拐と拷問と暗殺専門の機関にたいしては非難を差し控えている（ちなみに、ＣＩＡがこれまでおこなった干渉行為のなかで、当然うけてしかるべき注目を浴びていない事例のひとつに、冷戦時代、Ｔ・Ｓ・エリオットの『荒地』のロシア語訳を配布したことがあげられる。これは自由詩と表現の自由という美徳を宣伝するためのものだったのか、それともソ連人のまったただなかにニヒリズムというウィルスを解き放つことで、彼らの意気を消沈させるためのものだったのだろうか、定かではないのだが）。

この種の信仰は、テロにたいする唯一の治療法は正義を行使することだとは理解できない。みずからの戸口で悪態をついているおぞましく醜いものが、どの程度まで、みずからがこしらえた怪物的なものかをこの種の信仰は理解できない。この暗黒のものが、なかばみずからのものであることを、認めることができないし、その歪められた顔つきのなかに、みずからの姿が反映していることがわからない。こうした観点からながめてみると、ディチキンスの好戦的なたわごとは、まだおとなしいほうだ。ひょっとしたら存在しているかもしれないと想定されている神ほど聡明で機略縦横で想像力も豊かな神が、世界を救う手段として宗教しかおもいつかなかったというのはなんとも奇異な感が否めない。

したがって、いま話をしているのは、聖書にもとづくとわたしにはおもえるキリスト教と、イデオロギー的キリスト教信仰との区別である——この区別は、たんに前提とするのではなく、絶えず議論されなければいけないものだが。このむくわれぬ作業につけられる名称とは、教会を神の墓場にして埋葬場所と喝破したニーチェが、キルケゴールの言葉を借りて命名した〈キリスト教世界からキリスト教を救う〉である。福音書にかんする説教であって、政治的国家にたいするスキャンダルであり正面攻撃とならないような説教は、私見では、実質的に価値がない。ただ、価値のある説教は、現時点では、多くの成功を約束されそうにない。けれども、キリスト教のこうした問題点を教会制度そのもののなかに特定できるのは、ほかでもないユダヤ・キリスト教の遺産そのものから発生したもろもろの価値観にわたしたちが立脚しているからである——ちょうどリベラルな文明が、いうなれば、みずからが内在的批判であるのと同じである。つまりリベラルな文明は、わたしたちが、その高邁な理想を参照することによって、その欠陥を非難できるような、そんな文明なのだから。

たとえそうであっても、わたしがここで概略を示したキリスト教信仰についての解説については、現実に存在する宗教を雲の上から見下ろすような知的エリートの産物にすぎないと反論されるかもしれない。これは、まさに教会の会衆から発せられるポピュリズム的反論と呼べるものである。たしかに、キリストの福音にかんする洗練された神学的理解と、そうした神学研究に触れる時間的余裕も、それを理解できる専門的教育をうけたことのない何百万の男女の信仰とのあいだには大きな開きがある。ほぼ同じような断絶は、ドーキンスの進化論と一般人の進化論理解とのあいだに、あるいはイスラム神学者と、イスラム教にまったく無知で大きな誤解をしているイスラム過激派とのあいだにも、存在している。なるほど、おおぜいのキリスト教徒が福音書の劣悪なイデオロギー版《ヴァージョン》の犠牲になっている——このイデオロギー版は、聖ヨハネがこの世界の諸悪なりと暗に言及した者たちの手に握られているのだ。わたしがみるかぎり、聖書には、モルモン教のブリガム・ヤング大学でいまもなお実践されていることをよしとする記述は存在しない（最終的判断は、たとえ留保つきでもさしひかえたいが）。つまりその大学では、学生や教員のなかで医療上の理由から髭をはやさないといけない者は、いわゆる髭カードの携行を義務づけられるのである。とはいえ、わたしは、髭を生やすことに強く異をとなえる一節がルカ伝あるいはマタイ伝のなかにあることを見落としているのかもしれないが。

　だが、わたしがお話したような福音書理解は、じっさいのところ、知的エリートに固有のものというのは真実ではない。わたし自身の父親は、一五歳で学校を卒業してから工場で働きはじめ、一生、本など読んだことはなかったのだが、それでも、わたしの話を是認してくれるものと確信している。同様に、左翼政治勢力の側にいて、社会主義を、強制労働収容所や大量殺人といった暗黒面だけではないと考える者たちは、たまたまマルクスの『要綱』[06]の面倒な議論をよく知っている頭でっかちな少数派だけとはかぎらないだろう。それどころか労働者運動の何十万という一般構成員たちは、社会主義にたいする否定論（あいにくそうした主張は、一般に、知的少数派エリートによってなされるのだが）を却下し、社会主義の、なんらかの真正版《ヴァージョン》を求めている。キリスト教運動について、これと同じことは考えられないという理由などない。ともあれ、たとえば新約聖書が富裕層や権力者の側のものであるかどうかという問題は、ほとんどの人びとがたまたま信じていることに訴えれば、それで決まるかというと、そうでもない。熱力学の第二法則の真実性を、庶民の主張を参照して証明できないのと同じである。あくまでも、できるかぎり証拠にもとづいて問題を検証せねばならない。

　福音書にかんする根拠ある適切な読解を、キリスト教徒のあいだでつねに広く共有されている考え方ではないからという理由で排斥する者は、多くの一般の男女が小児性愛者を電気椅子で死刑にすべきであり移民を出身国へとすみやかに送還すべきだと考えているからという、ただそれだけの理由から、リベラリズムの適切な根拠ある原則に反対するような者に似ている。ほとんどの人びとが、そんなふうに判断しないだろう。「わたしたちみんなが同じことを考えたとしたら変な世界だろう」とか「世界をつくるにはあらゆる種類のものが必要だ」(ともに「十人十色」を意味する慣用句)(ちなみにこうした表現は、ルートヴィッヒ・ウィトゲンシュタインに「もっとも美しくやさしい格言」として感銘をあたえたものなのだが)といったことを話す一般人すべてが、ジョン・ロックやジョン・スチュアート・ミルの思想に通じているわけではないだろう。しかしだからといって、彼らがファシストのくずということを意味しない。というか、少なくとも彼らのほとんどが、そうではないだろう。

またさらに、もし宗教が、それ自身の創設時の原則にはなはだしく合致しないとしたら、ではリベラリズムはどうなのか。ディチキンスがあれほど熱烈に擁護する中産階級のリベラルな系譜あるいは啓蒙主義の系譜はどうなのか。そうしたリベラリズムは、みずからの称讃にあたいすべき原則に忠実かどうかという点では、およそほめられたものではないだろう。自国以外の国々の自由と民主主義を暴力的に踏みにじってきたことは？　人種差別と男女差別が引き起こした惨状は？　植民地主義と帝国主義のおぞましい歴史は？　貧困と飢餓世代は？　驚異的な比率で増大する戦争とジェノサイドは？　つぎつぎとあらわれる独裁者に武器を供与し彼らを擁護することは？　こうしたもろもろのことは、どうなのか。西洋世界において発生したテロがこれまで奪ってきた西洋人の命は、西洋そのものによる長期にわたる虐殺と弾圧の犠牲者にくらべたらものの数ではない。この虐殺と弾圧の歴史の未来がいかなるものかについて、わたしたちには皆目見当もつかないのは事実だ。しかし、どんなに筋金入りのテロリストでも、西洋による戦争と帝国主義の暴虐の記録を塗り替えるには、相当な時間を要するだろう。世界でもっとも繁栄した地域にいるわたしたちは、わたしたち自身の内輪もめによって滅ぶだろうとおもわれていたが、いまやそれと同じくらいの確度で、新たなテロ物語によって抹殺される運命にあるようにおもわれる。イスラムのテロ犯罪を恐慌とヒステリーで迎える西洋の評論家たちのほとんどが、みずからの啓蒙化されたと想定される文明の残虐行為の数々については、非難の声を大きく上げてはいないのだ。彼らの道徳的憤懣が、九・一一以降に――つまり彼ら自身が、はじめて攻撃の潜在的犠牲者となってから――、なぜかくも一挙に噴出して大騒ぎになったのか？　もちろん、あなたの四肢を吹っ飛ばそうとしている血に飢えた頑迷固陋な変質者にたいして抗議の声を上げることは悪いことではない――この犯罪的意図が生まれた主たる理由は、西洋が過去において他者をあつかうときの恥知らずなやり方であったことを、きちんと指摘できるくらいの、ごくありふれた正義感が、あなたのなかにあるかぎりは。

合衆国の多くの人びとが九・一一の惨事からまったくなにも学んでいないことは、スーザン・ファルディのすばらしい研究『テロの夢――九・一一がアメリカについてあきらかにしたこと』を読めばよくわかる。ファルディによれば、九・一一はアメリカの男性性に危機をもたらしたが、アメリカは急速にその打撃から立ち直ったという。攻撃からわずか数週間後、ジョージ・ブッシュはハリウッドの大物たちの一団にテロとの戦いを市場に売りこむ手助けをしてくれと求めている。またその計画の一部には、伝統的なアメリカ的男性性の回帰を高らかに告げることもふくまれており、それ以前は、ファルディが引用しているある著書の言い方を借りれば「アメリカ男性の女性化」がすすんでいた。フェミニズムの影響で軟弱化していたアメリカ人男性は、意志薄弱で去勢され、髭とむだ毛をきれいに剃った、ぼんくら男性になり、その女々しいライフスタイルこそが、国をイスラムからの攻撃にさらすことになったというわけだ。アメリカのファリック・シンボルは切り倒されたと、あるブログ記事は嘆く。そしてその基部には、煙でくすぶる大きなヴァギナがぱっくり口をあけた、と。「上等だ、これでまちがいなくフェミニズムは地図から抹消される」と、三千の人命が失われたことにたいして、あるアメリカ人記者は書く。あるニュース雑誌はこう表現する——[07]女のことしか頭にない〈セックス・アンド・ザ・シティ〉文化のなかに、〈バンド・オブ・ブラザーズ〉倫理はこれまで根をはることができなかった、と。合衆国は、その根性を失い、それにあわせて外国からの侵略にたいする免疫も失った。伝統的に空想と現実とを区別するのが苦手だった国民は、いまやあらゆる機会をとらえて、両者を混淆することに血道を上げるようになった。

　九・一一の余波とは、ファルディの報告によれば、アメリカのフェミニズムにたいする悪辣な戯画化がおこなわれたことである。タリバンによる女性弾圧は、一時期、大いにほめそやされたあと、アフガニスタンに爆弾を投下するときには、懸念材料としても消えてしまった。そのいっぽうで、やぶにらみのドナルド・ラムズフェルドが、やれ「種馬」だの「若い女を磁石のようにひきつける」だのと呼ばれ、そして――イデオロギー的迷妄の最たるものとして――「現存するもっともセクシーな男」ともてはやされた。四角いあごをした、短髪の、銃を携行するアメリカは、去勢する女どもの軍団によって神経症的自己嫌悪を余儀なくされていたが、いまや、引きこもりからみずからを解放し、集団としての雄叫《おたけび》をあげることになった。同時多発テロからほどなくして、男性のファッションは、超伝統的で、ミリタリー風で、消防士の制服のようなものに傾きはじめる。純朴純真なアメリカは、慢性的にシニカルなヨーロッパとは異なり、つねにヒーローを求め、そうして航空機をあなたのオフィスに突っ込ませ、とにかくあなたをヒーローに仕立て上げてしまうのだ。

あるいはもしこれが議論の対象としてハードなものだとしたら、もっとわかりやすい例で話をしよう。ニューヨークの消防士たちについてである。九・一一の皮肉な真実とは、ファルディによれば、もし消防士たちがワールド・トレード・センターに送りこまれていなかったら、死亡者数はかなり減っていたことである。オフィス・ワーカーのおよそ三倍の数の消防士たちが、航空機が衝突した階よりも下の階で死亡していた。しかしとにかく彼らは投入されたのであり、メディアの反応は、彼ら全員を高潔の士としてあがめたてまつることだった。頭がおかしいとしかみえないある雑誌は、ニューヨーク消防署に所属する消防士たちは、神のごとき力をもち、率先して善行にはげみ、神性を兼ね備えた者たちばかりと絶賛する。消防士たちの多くは異議をとなえる許可を求めている。携行したラジオが機能しなかったせいもあって多くの消防士が死んだという事実は、見て見ぬふりをされ、いつのまにかどこかにこっそり隠されてしまった。

ほどなくして消防士たちはヒーローでもあると同時にエロティックな人物ともなった。消防士大好きブームが到来する。ある新聞の見出しが踊る――「消防士はデートの場では最新流行の必需品」と。女性たちは足のつめを消防車レッドに塗るしまつ。こうしたことすべてが、異常流行現象や病的興奮ではなく、ノーマルな男女関係への歓迎すべき回帰とみなされるのだ。グラウンド・ゼロでは女性も救助活動に携わったことは冷たく無視される。そのかわり九・一一未亡人への、つまり耳目をあつめる華やかな犠牲者への、病的崇拝があらわれ、彼女たちは、メディアが用意した台本に忠実に従うことを義務づけられてしまう。いかにもアメリカ人主婦というイメージが気に入らなくて異を唱えようものなら、瞬時にして抑圧される。ジェシカ・リンチと呼ばれる〈似非犠牲者〉が〈似非英雄的〉な〈似非事件〉で合衆国兵士によって〈似非救出される〉。テロと家庭性とが緊密にむすびつく。イラク人を殺す意味とは、アメリカ人の子どもたちを守ることである。「サッカーママよ、さようなら、セキュリティーママよ、こんにちは」と『タイム・マガジン』は宣言し、アメリカ人を震撼させたテロ攻撃は、古い価値観を尊重する新しい信仰へアメリカ人をみちびいたのだと主張する。どこをみても誰もが慌てふためいて古い子宮のなかに、あともどりしようとあせっている。安全保障にたいする神経症的欲望が、みずからが不死身でないことにあらたに目覚めたこの国をつかんで離さなくなった。結婚よりもキャリアを上においていた女性たちは、みずからのしくじりをいたく後悔しているという。家庭と結婚とが、ふたたび、流行の座に返り咲いた。結局のところ、つぎの攻撃がやってきたとき、誰があなたの手を握りしめてくれるのか、ということになった。

消防士をふくむ九・一一のじっさいの犠牲者のなかには、彼らの指導者たちの傲慢な言葉遣いでわめきたてることなく、脆弱さや恐怖や傷つきやすさをともに経験したことから生まれる絆について語る者たちもいる。しかし、そのいっぽうで、彼らの支配者たちは、神を恐れずバベルの塔を建設した傲慢な者たちさながらに、グラウンド・ゼロに、ツイン・タワーよりも高い建造物を計画している。先がおもいやられるニュースとは、合衆国にとっての悲劇的瞬間は、決して、敬虔さへの帰依とはならなかったことだ。それどころか、いつものとおりビジネスチャンスとなった。それもこれまで以上の。

*

ディチキンスとその仲間たちは、修正主義者的異議申し立ての議論を手をかえ品をかえて繰り出しつつも、政治的現状というものを、おおむね支持している。彼は、この本のタイトル〔08〕の最初の語〔理性〕には賛同するだろうが、つづくふたつの語〔信仰と革命〕には賛同しないだろう。じっさい、リチャード・ドーキンスによる容赦ない宗教攻撃——強いていえばそれは無神論の主張といえるのだが——は、彼の思想全体にみられる冷静沈着な北オックスフォード主義とはいちじるしい対照を示している（ここで指摘しておくべきは、わたしは「北オックスフォード」という語句を地理的意味ではなくイデオロギー的な意味で使っているということだ。ドーキンスが安心してもよいようにいえば、わたしは彼がどこに住んでいるかじっさいには知らない）。彼が大々的に展開する原理主義批判には、それと同じくらい歯に衣着せぬグローバル資本主義批判があってしかるべきなのに、それがまったくない。グローバル資本主義が全世界的にはぐくむ多くの不安と屈辱感を養分にして、そもそも原理主義は肥えふとってきたというのに。

ドーキンスはしかるべき理由によって、アブラハムを源泉とするすべてのものを嫌っているが、ほぼまったく同じ理由から、彼が以下のものにたいしても、頑迷なアングロサクソン的反発をいだいていたとしてもおかしくない。すなわちラカンに、シチュエーショニズムに、アジプロに、トロツキーに、ダダイズムに、無意識概念に、ジュリア・クリステヴァに、アイルランド共和主義に、そして子どもたちが庭を裸で走りまわるのをみながらマリファナをくゆらせるような行為に。こうしたことすべてが、どうやら、彼の、聖母の無原罪の御宿りと同じく、彼の明確で冷静な合理主義精神にはお気に召さぬようだ。イエスが過激派であることに反比例してディチキンスはそうではない。ディチキンスが、資本主義体制について「ほぼ一点の疑問の余地なく悪魔的である」と記述することなど想像だにできない。ちなみにいまの引用は二〇世紀でもっとも偉大な神学者カール・バルトのものである。[*06]

端的にいえばディチキンスは、リベラルな合理主義者のみならず、容易に特定できる英国中産階級のリベラルな合理主義者でもある。とりわけドーキンスは、「汝、いまだ犯されざる静寂の花嫁よ」〔英国の詩人キーツの「ギリシアの壷に寄せるオード」のなかの有名な一節〕というのは、ギリシアの壷についての記述法としてはきわめて異例であるというようなことを時として平然と書きそうな人物なのだ。彼の神嫌いは、偏見からもののみごとにまぬがれている冷静沈着な科学者の観点などでは決してない。そもそも偏見からまぬがれた冷静沈着な科学者などという動物は存在しない。科学者といえども、特定の文化的コンテクストに所属している。彼が『神は妄想である』のなかでわたしたちに推奨する世俗版十戒――そのひとつは、他人に迷惑をかけないかぎりわたしたちのセックスライフを満喫すべしというものだが――は、そのほとんどが、無味乾燥なリベラルの常套的発想にもとづくものでしかない。こうした点で対極に位置するのは、たとえば「汝の父と母を敬え」であり、ここでいう父と母は、旧約聖書学者の説によれば、両親のことではなく、一族のなかでもはや働くことのできない高齢の無力な者のことであるという。あるいは「盗むことなかれ」は、ある研究者の解釈では、私有財産の強奪を禁ずるのではなく（そもそもその地域にじゅうぶんな私有財産など存在しなかったのだが）、そうではなくほかの部族から若い男たちを労働力として拉致する古代の習慣をいましめるものである。あるいは「安息日を心に留め、これを聖別せよ」は、教会に行くことに言及しているのではなく、労働の重圧からの解放が必要であることを指している。これは古代における健康と福利の要求でもあった。あるいは「姦淫するなかれ」は、わたしたちに、みずからの性的魅力を利用して他者との関係を断ち切るなという警告である。ハーバート・マッケイブが書いているように、十戒は、「わたしたちに、神々を捨て、たがいに清く正しく、友愛と正義をもって暮らすよう語っているのである[*07]」。

ただたとえそうでも、ドーキンスのようなリベラルが、ネオリベラリズムに反対するのはきわめてまっとうで、その主張にぶれがない（彼は最近のアメリカの対外政策に断固反対している）。これはちょうど旧約聖書のファンになっても、法王庁のファンにはならないのと同じことだろう。ドーキンスは正しくも、リベラルな価値観を表明するいっぽうで、じっさいに存在するリベラリズムの少なからぬ局面を否定している。このことになにも悪いことはない。これは、こうした点で、彼が宗教だけを悪者にして自分のことを省みないような側に立ってはいないということだ（原文は、「鍋が、ヤカンの黒こげをあざ笑う」というフレーズをふまえたもじりで、日本語では「目くそ鼻くそを笑う」という表現と同じ）。わたしたちは自信をもって想定していいのだが、ヒッチンスは愛するジェファーソンの精神をグアンタナモ収容所のなかに見出してはいないだろう。たとえ彼が、その地獄の穴をこしらえた何人かと親しい間柄だったとしても。これは、彼もドーキンスも、こと宗教の問題となると、問題を同時に両面から考えるという能力を欠いてしまうということだ（両面から考えるということは非の打ちどころなく公明正大であるということとは同じではない）。彼らの宗教嫌悪の根底にあるリベラルな合理主義は、宗教を両面からみるということになると、突如として彼らを見捨ててしまうのである。

高貴な理想と、その矛盾だらけの実体化との乖離という点については左翼政治勢力もまた他人事ではなかった。この矛盾ゆえに左翼の宗教批判もどことなく批判の矛先がにぶってしまった。ちなみに左翼がユダヤ神学（ベンヤミン、ブロッホ、アドルノその他）についてはまっこうから反対していないのに、あるいはたとえば仏教的平和思想に反対していないのに、キリスト教信仰となると毛嫌いするのは興味深い。おそらく反宗教的姿勢は本拠地からはじまったのだ。みずからの起源を裏切ることになったキリスト教運動への反発として、なにはともあれ誕生したマルクス主義は、地球上のほぼ全領域において、同じことをして終わることになった。いかにして、なぜこうしたことが起こったのか、そしてその再発をどのように防げるのかを深く考えようとするには、マルクス主義そのもののある種の主流に赴かねばなるまい。リベラル・ヒューマニズムは、こうした目的には、まだじゅうぶんにラディカルではない。同様にキリスト教会のあさましい裏切りは、すでに示唆したように、福音書そのものによって審判が下されている。

留意すべきは「啓蒙思想」的観点は、決して自明のものではないということだ。フランシス・ベーコンは魔術に熱中していたし、デイヴィド・ヒュームは啓蒙思想の代表格のひとりだが、理性にたいして深い懐疑をいだいていた。ニュートンは道楽で錬金術《アルケミー》に手を染めていたし、そのいっぽうでヴォルテールは神を信じていた。ただたとえそうであれ、リベラルな啓蒙思想の物語が、心躍る解放物語であること（そしてかけがえのない遺産としていまに生きていること）はいうまでもない。この点をカール・マルクスほど粘り強く主張した思想家はいなかった。事実、ハンナ・アーレントは、正確には社会主義者ではなかったが、かつてこう語ったことがある――マルクスにたいする不満の最たるものは、彼が資本主義を賛美していることである、と[*08]（なお、わたしは、初期資本主義のヨーロッパが達成した最大の功績のひとつは、啓蒙主義的リベラリズムであると考えている）。啓蒙思想の価値観――その多くはユダヤ・キリスト教に起源をもつのだが――は、ポストモダニズムのわけ知り顔の愚論に対抗して断固擁護すべきものであり、またアラーの名のもとに子どもたちの頭をふっとばそうとする原理主義熱狂者からも必要とあれば合法的手段のすべてをもちいて保護すべきものである。みずからの支配者を指弾することに熱心なあまり、そうした残虐行為にたいし、あろうことか批判を封印している一部の左翼勢力は、この偽善を大いに批判されてしかるべきである。

啓蒙思想は、キリスト教の伝統から生まれた価値観に深く影響されている。しかしまたディチキンスが論じているように、じっさいに存在している宗教が、本来対抗すべき野蛮や独裁の一部になっているというのは正しい。ただしそうであれ、最高のアイロニーというべきか、啓蒙思想が迷妄にたいして張った大々的キャンペーンは、部分的ではあれキリスト教そのものから引き継いだものだ。キリスト教は、あらゆる偽りの神々や予言者たちを、あらゆる偶像や物神を、魔術的儀式を、闇の力を、まさに人間の血と肉の名において否定してきたからである。いうまでもないことながら、わたしたちは、思想の自由、フェミニズム、社会主義、人道主義、公民権の多く、そして共和制的・民主制的遺産の多くを、啓蒙思想に負っているのである。と同時に、この啓蒙化されたリベラル・ヒューマニズムは、資本主義文化を正当化するイデオロギーとして奉仕してきたが、この資本主義文化こそ、人類史のなかで、ほかのどのエピソードよりも血塗られたものになっている。留意していいのは、こうしたことをディチキンスは、理由は定かでないのだが、語るのを忘れている。啓蒙思想の輝かしい歴史と血塗られた歴史、このふたつの物語がひそかに一体化する物語を語ってきたのはマルクス主義だけである。この物語は、フランシス・ベーコンの輝かしい功績を記録するのだが、彼がまた拷問の正当性を疑わなかったという事実も伝えてくれる。この物語は近代とは妊娠中絶とヒロシマの両方を意味すること、解放運動と生物兵器の両方を意味することを教えてくれる。ヨーロッパを近代の歴史的本拠地と指摘しながらもヨーロッパがホロコーストの本拠地でもあったことを忘れるのはヨーロッパ中心主義であるという批判もある。近代は肯定的現象であったのか否定的現象であったかをめぐるラディカルな答えとは、イエスとノーに等しく力点を置くものである。マルクス主義は時には多くの人びとの怒りの捌け口となっているにもかかわらず、わたしがいまもなおマルクス主義者でいる、その、わたしなりの理由のひとつは、わたしの知るかぎり、いかなる主義も、つぎのことを主張していないからである。すなわちディチキンスが擁護するリベラルな啓蒙思想が、人間の心躍る進歩の証《あか》しであると同時に耐え難い悪夢であることを——しかも、後者の物語は、前者のそれを表とすれば裏の関係にあり、おまけにこのふたつの衝突する歴史は構造的に共謀関係にあり、たまたま接近しているというわけではないのだ。

かくしてマルクス主義者だけが同時に両面について語ることができるのである。彼らが語ることは、啓蒙思想の敵たち（名門エリートたちであれポストモダニストであれ）の哀調をきわめた嘆き節に慰めをあたえるようなことではない。なにしろこうした敵たちにとっては、刈り取り脱穀機《コンバイン》から歯痛麻酔薬、はてはフェミニズムから植民地解放闘争にいたるまで近代の発案品はすべておぞましいあやまちなのだから。と同時にマルクス主義者は、進歩主義者の多幸症にも冷たい視線をなげかける。ドーキンス（彼はまたH・G・ウェルズやC・P・スノー〔10〕の精神的子どもであるが）は、そうした多幸症的進歩主義の輝かしい実例なのだが、そうした進歩主義にとって、歴史とは、総体的にみて、そこかしこにみられる野蛮行為というたまたままだ消えていない頑固な汚れをのぞくといまもなお着実に上り坂にあるものなのだ。もしいまなお敬虔な信仰を集めている神話や誰もが疑わないような迷信というものがあるとすれば、それは、ほんのわずかの障害さえとりのぞけば、わたしたちみな、よりよい世界にいたる途上にあるのだと思い込んでいるリベラルな合理主義信仰にほかなるまい。この拙劣な楽観論は、中産階級の星が中天に登りつめる途上にあったリベラリズムの英雄時代の名残りである。今日、それが踵《きびす》を接しているシニシズム、懐疑論、ニヒリズムこそ、栄誉あるこの系譜の多くのなれのはての姿なのだ。ラディカルな人間とは、わたしたちにかんして事態は極端に悪化しているが、なんとか改善される余地はあると信ずる者たちであり、保守派は、わたしたちにかんして事態はかなり悪化しているが、しかしこれはヒトという動物にとって宿命みたいなものだと考える者たちであり、リベラルな人間は、わたしたち全員のなかに、わずかながら良いものと悪いものとが共存していると考える者たちである。

ダン・ハインドが論じているように、今日、啓蒙思想の価値観を脅かす最たるものは、風水や信仰療法やポストモダン的相対主義や宗教的原理主義から発生するものではない。[*09] いつものことながら、啓蒙思想を脅かすものは啓蒙思想そのものの成果から発生し、そしていつものことながらそれは啓蒙思想の最悪の敵となった。啓蒙思想の言語を横領するものがあらわれたのだ。企業の貪欲な利潤追求の名のもとに、政治国家の名のもとに、政治的に妥協する科学の名のもとに、そして永久に続く戦争経済の名のもとに。初期の啓蒙化された中産階級の経済個人主義は、いまや集団や個人の権利をいとも簡単に踏みにじり、なんらなっとくのゆく説明もないままわたしたちの運命を形成する巨大企業へと変貌をとげる。そもそも個人の自由を保護するために創設されたリベラルな国家は、わたしたちの時代には、監視国家へと変貌をとげる。科学的合理性や研究の自由は、経済利潤と戦争兵器を目的とした研究へと拘束されてしまう。合衆国がテロとの終わりなき戦いを宣言した大きな理由のひとつとしてよくあげられるのは、多くの戦争関連企業への途切れることのない利潤導入の流れを確保することである。公平無私の理性にたいする啓蒙思想の側の信頼は、いまや地に堕ち、国家や企業のプロパガンダを広めるために学者や専門家が雇われるようになった。文化的表現の自由のなれのはてが、利潤追求するメディアの安っぽい、イデオロギー的レトリック満載の、政治的に管理されたニュースなのである。

合理的あるいは啓蒙された自己中心的利害意識の航跡に認められるのは、浪費と非雇用と耐えがたい格差と世論操作的広告が生みだす数々の不合理、資本による資本のための蓄積、そして全生活市場のランダムな変動への依存である。それはまた啓蒙思想の価値観とはおよそ共存しないような植民地主義と帝国主義という二者をもたらした。政治的個人主義は、権力の暴力からわたしたちを保護してくれるものだったが、最終的に、社会的連帯の根本的な衰退をもたらした。自然を管理するという啓蒙思想の壮大な計画は、本来、環境によって苦しめられたり圧迫されたりしないよう、わたしたちを環境の猛威から解放するためのものだったが、結果として地球全体を汚染して終わることになった。わたしたちはこの世界を自分たちのものであると宣言しながら、気づくと、所有しているのは、屍《しかばね》同然の世界でしかなかった。わたしたちは自由な精神を標榜しておきながら、自分の肉体を機構の一部に矮小化してしまったのである。

普遍性の原則の意味とは、その最盛期においては、誰でも、誰であれ、その発言に耳を傾けてもらえる権利を有しているということだったのだが、いまや、西洋そのものが普遍的価値の唯一のにない手であるという意味にすぎないとうけとめる向きもあらわれた。インターナショナリズムの輝かしいヴィジョンは、グローバル化概念におおむねとってかわられ、資本が、いつであれ、誰にたいしてであれ、その統治権を望むままに行使できる権利をもつことを意味するようになった。平等は、数あるなかでもとりわけ上等な意味として、市場で他者を出し抜くあるいは搾取する平等の機会を意味するようになった。神話や迷信にたいする仮借なき批判は、実験室で探りを入れたり究明できないようなものは真摯にうけとめる必要はないと考える無味乾燥な科学主義に堕落してしまった。自分自身のために考える勇気をもてというカント的定言命題は、伝統の価値を軽んじ、権威をすべて潜在的に抑圧的なものとみる幼児的観点をふくむことになった。

またいまひとつの意味においても、啓蒙思想の価値観は、みずからと背馳することになった。啓蒙思想の価値を防衛する行為は、時として、そうした価値を嘲笑する行為と区別がつかなくなる。わたしたちの自由を没収する共産主義から、わたしたちを救うと称して西洋は、つぎからつぎへと悪辣な独裁体制を支援してきた。イスラムのテロがアメリカ人市民の自由を害することのないよう、合衆国は、サウジアラビア、ウズベキスタン、パキスタンその他一連の悪臭ふんぷんたる独裁体制諸国家を支援して、そうした国々における市民の自由の圧殺に積極的に加担してきた。そのうえさらにいま合衆国は、市民の自由を国外に追放せんとしているかにみえる。このオーウェルの『一九八四年』的世界において自由を保証するもっともたしかな方法とは、暗殺団を訓練し、独裁者への武器供与であるかのようにみえる。合衆国には、生命と自由と幸福の追求の名のもとに神政体制国家を支援するという、長い対外政策の伝統がある。結局、キリスト教徒右派勢力は、〈理性〉の進歩という抵抗しがたいモップによっていずれ一掃され吸い出されるであろう非合理主義という名の小さな水溜りを形成しているのではなく、むしろ合衆国の政治システムの働きと一体化するようになり、説教師、ロビー活動家、ビジネスマン、テレビ伝道師、ワシントンの権力ブローカー、右翼政治家たちによる尋常一様ではない連携となってあらわれるようになった。

こうしたことすべては、啓蒙思想の出番は終わったことを暗示しているようにみえる。しかしそんなことはない。啓蒙思想の価値観は、その庇護者と想定される者たちがあらんかぎりの悪事をはたらいてきたにもかかわらず、いまもなお元気に生き延びている。表現と研究の自由、人道的共感の念、国際主義、存在の平等性にかんする主張、開かれた政府、権威主義の悪しき形態との戦い、政治的解放への希求――こうしたものすべてが地上から消えてなくなったわけではない。たとえリベラル資本主義システムが、公式にはこうした価値観を遵守しながら機能しているかにみえて、その実きわめて敵対的な行為を展開しているにもかかわらず。このシステムがかくも多くの貴重な財産を保持していること、たとえそれがぼろぼろになってもまだ原型をとどめていること、これこそ、啓蒙思想の底力と善意のなせるわざである。それが一連の外部からの、ファシズムからテロリズムにいたる攻撃によく耐えてきたことも、同様に、その信頼性を高めることになった。むしろ問題といえるのは、外部ではなく内部の敵である。リベラル資本主義文化は不可避的にみずからの価値観を損なうような病を生みだしている。

この重要な矛盾は、非合理主義が他者の特徴であるとつねにみられているかぎり、正しく把握できないだろう。世界を理性的と非理性的とに二分すること――ちなみにこの分割法は、今日では、西側と東側という分割とかなり都合よく照応しがちなのだが――、これによって資本主義が非合理を生むという事実が見すごされてしまう。資本主義が生む非合理は、ちょうど外宇宙からのエイリアンがグロテスクだがしかし容易にそれとわかるような、わたしたち自身の一ヴァージョンであるのと同じで、その正体はわかっている。それはディチキンスが悪びれもせず想像しているような、啓蒙化された世界にもまだ啓蒙されていない空隙があるというような単純なことではない。啓蒙されていない空隙は、啓蒙思想と骨がらみになっている。西洋と東洋のどちらを選ぶかという問題は、どちらのおぞましい殺人鬼集団を支援したいかという究極の選択と化す。そしてこのことは、すでにおもいあたってもいいのだが、謙譲と自己批判のための良い機会となるかもしれないのだが、あいにくこの謙譲の精神と自己批判精神だけは、ディチキンスの書いたものからはおよそ望めないのである。

*

ホウィッグ的思想の持ち主のディチキンスは、宗教を人類初期の幼年期に固有のものとみている。宗教は、人類史に、うんざりするほど長居して、なかなか消え去ろうとしないというわけだ。口調はやさしいが恩着せがましい態度でヒッチンスは宗教信仰を、彼のいう「わが種の先史時代」もしくは「幼年期」(64)に固有のものとしたうえで、それは、ゆるぎなき進歩とみなせるものへのブレーキであると非難する。問題なのは、ここにあるのが、とびきり単純で、唖然とするほど還元的な世界像で、その精度は子どもの落書き程度であるということだ。前進しようとする動きがあり、それを引きもどそうとする意図が存在する。前進する動きは、どれもこれも一様に良いのにたいし、引きもどそうとする動きは疑問の余地なくいまわしいというわけだ。いまなお残る迷信のかけらを払いのけ、ヴィクトリア時代盛期の合理主義へと勇躍飛び込むことが求められる。ヒッチンスの場合、彼が受けた高額の私学教育の影響が、たとえば「あばら家」などという気取った言葉づかいに、また同様に、聖書の作者たちを「粗野で無教養なヒト科哺乳類」と記述する辛辣な言葉づかいのなかに、にじみでているのだが、過去のみならず東洋についてもお高くとまった恩着せがましい態度をつらぬいている。彼の文化的白人中心主義は、デモクリトスにまでさかのぼるだけでなく、寄り道をしてイスラムにも向かうのだから。

平然とコスモポリタン的嘲笑をくりひろげるなかで、ヒッチンスは古代からの派生物を「野卑なもの」として一蹴している。フォイエルバッハやオーギュスト・コントやハーバート・スペンサー[11]の前向きな精神を踏襲しながら彼は、宗教について、それが「わが種族の泣きわめき恐怖におののく幼年期」に、つまり「世界でなにが起こっているのか、そのごくわずかのことですら、誰ひとりとして把握していない」(64)そんな時代に、誕生したものと述べている。このような尊大な宗教蔑視のなかに、彼がアイスキュロス〔古代ギリシアの劇作家〕をふくめていないことはたしかだ。聖パウロは、律法の体制（幼少期）から恩寵の秩序（成年期）への革命的移行について述べるなかで、キリスト信仰こそ、幼児的偶像崇拝や迷信を廃棄する成熟した行為であるとみている。このパウロは、よちよち歩きの子ども程度の精神しかもっていなかったかもしれない。まあ、ヒッチンスの評価ではそうなるだろう。しかしパウロの著述に、そうした幼児性を示唆するものは、おどろくべきことに、その片鱗すらないのだが。

チャールズ・テイラーが、[12]その大著『世俗時代』において徹底的に論駁している手垢のついた神話がある。その単純な線的進歩観に唖然とするほかないこの神話とは、人間の歩みのなかで宗教的世界観が、科学的証拠の着実な蓄積によって駆逐されたというものだ。この平板きわまりない、お手軽な目的論においては〈信仰の時代〉は〈理性の時代〉にものの見ごとに駆逐される。だが、これこそ、啓蒙思想にみられるあまたの神話もしくは迷信のひとつである。そもそもテイラーが指摘しているように、一七世紀における新しい機械論的科学は、神への脅威であるとみなされることは一般になかった。初期近代において科学者はしばしば宗教的正統思想の擁護者である。理神論とは、科学と宗教を共存させようとする戦略のひとつだった。信仰と啓蒙思想は決して単純な対立項ではなかったのだ。そしてまた一九世紀において、キリスト教宗教思想のなかでもっとも不人気な系列である福音主義は、奴隷解放の実現にむけての急先鋒であった。

したがって自然科学から無神論にいたる王道などないのだ。自然にたいする新たな関心は、宗教的世界観からの逸脱ではなく、宗教的世界観内部における変移にすぎない。「「宗教」と「科学」の純粋な対決は」とテイラーはつぎのように主張する――「荒唐無稽な空想であり、どちらかといえばイデオロギー的捏造である」[*10]と。なるほど近代科学が示す現実像は、前近代の神話における現実像とくらべれば、おおむね正確である。たとえ、生産的な科学的仮説とおもわれても、その多くのものがのちに、重大な欠陥があると証明されたとはいえ。しかしクロード・レヴィ＝ストロースが『野生の思考』のなかで示しているように、神話にも啓蒙の要素は存在する。ちょうど科学のなかに、かなりの量の神話が見出せるのと同じように。ある意味で科学は世界から、その魅力的なオーラを剝ぎとったが、最終的にそのオーラを自分にまとわせてしまったのだ。

じっさいには、科学が徐々に、神話と宗教の誤謬を暴いたということではない。暴いたと考えてしまうのは、いずれにせよ、歴史を純粋に観念のレヴェルでしかみていないことになる。それはまた宗教に、じっさい以上に過大な影響力を付与してしまうことであり、このかぎりにおいてディチキンスは過激なイスラム教徒と同様の前提を共有しているといえよう。テイラーによれば現実に起こったのは、初期近代の全体的「社会的想像界」における変移である。これは、時間、空間、統治権、自己、社会、身体、学問その他をまきこむ変化であり、科学的合理性は、その一要素にすぎなかった。神話が事実へと道をゆずったのではなく、ひとつの道徳的世界観が、別のそれに道をゆずったのだ。科学的合理性は、人間の自己理解の新しい形式を代表しているのであって、たんにそれまであったことを否定しているのではない。それはみずからの存在論的・象徴的枠組みによって支えられているのであって、そうした枠組みをただやみくもに却下しているのではない。永遠なる普遍的合理性が、何世紀にもわたる暗黒のなかで、ひたすら、みずからの時がくるのをまちわびたあと、みずからが埋もれていた宗教的迷妄のごみの山との格闘のすえ、ようやく抜け出すことができたというような話ではないのである。

近代の科学的合理性の進化には、はかりしれぬ利得がある。科学の価値に疑いの眼を向けるポストモダニストたちは、彼らの心臓が機能不全におちいったとき、おそらく外科手術をしないつもりなのだろうし、飛行機に乗るなどという、あさましいことはしないつもりなのだろう。しかしながら、科学的合理性にも、すでにみてきたように損失があること、それに触れないのがディチキンスに典型的な偏見である。科学的合理性は、現実を、身体なき主体と不活性な対象との純然たる対決に還元してしまうのだから。あえてポストモダン科学と呼べるものがあるとすれば、それはこうしたカビの生えたデカルト的二元論を再検討するがゆえに、そう呼ばれてしかるべきものとなるだろうし、それはまた近代以前にさかのぼる思考をも髣髴とさせることになる。たとえばトマス・アクィナスは、主体と客体との遭遇を対決ではなく共同作業とみていて、このなかで精神は現実に積極的に関与し、そして客体の内的な了解可能性を高めて明晰なものとすることで、主客ならびに精神そのものの力を、実りあるかたちで開化実現させるものと考えた。[*11] 世界は了解行為のなかで、よりリアルなものとなり、精神は了解する過程のなかで自己実現する。これまでの主観的観念論とはまっこうからぶつかるのだが、アクィナスにとって、この相互作用のどちらの側に力点が置かれるかといえば、それは、テオドール・アドルノにおいてもそうであったように客体のほうである。人間主体が恣意的な意味を内在的に無意味な世界に投影するという、近代あるいはポストモダンの概念は、アクィナスにはまったくなかった。

〈創造〉原理について、人が、どのように考えるにせよ、すくなくともそれが人間のうぬぼれを和らげるものであることはまちがいないだろう。アクィナスにとって世界は、わたしたちの所有物ではないし、わたしたちが好きなようにこねまわしたりあやつったりすべきものではなく、未知の他者性を体現した贈り物なのであり、その物質的濃密さと自律性は、なんとしても尊重せねばならないのだ。すくなくともこの尊重の念は、神学者が科学者とともに共有している特徴であろう。問題が知にかんすることとなると、アクィナスにはデカルト的あるいは経験論的「表象」とか「心的映像」とか「感覚与件」といったものは、あずかり知らぬことであった。わたしたちは象をみるとき、わたしたちはあくまでも象をみるのであって、私的な心的画像とかわたしたちの眼球におどる不規則な灰色の模様をみているのではない。知るという行為のなかで主体と客体とはひとつになる。したがって懐疑論が入り込む余地はない。ハイデガーがこうした懐疑論について述べているように、スキャンダラスなのは、そこにはなにもないという可能性ではなく、こうした可能性をおもい浮かべて最初からそれに真剣に淫してしまうことである。アクィナスは、彼についてきわめて重大な誤解をしたハイデガーと同じように、自己を肉体的なものとみている――自己は世界にひらかれた超然たる思索的窓ではなく、世界に参加する能動的なプロジェクトそのものなのである――、そのためポストモダン的懐疑は問題外なのである。知は、現実とわたしたちとの身体的共謀の一契機もしくは一局面である。この契機を、近代はあやまったかたちで抽象化し祭り上げてしまったにすぎない。

トマス・アクィナスは『対異教徒大全』[13]において、〈すること〉とは、個々のものの究極的完成であると述べている。アクィナスにとって〈あること〉とは、実体ではなく行為である。彼にとっては神ですら、名詞ではなく動詞なのである。身体そのものが、主客二元論を解体する。まさにこれが、世界における参加的主体としてのわたしが、世界のただなかにいる自分自身を見出す方法であって、わたしは自分の眼窩をとおして超然と世界をのぞき見しているのではないのだ。ウィトゲンシュタインは「外的世界」というありふれた言いまわしにたいし困惑するのだが、アクィナスもその困惑を共有していたにちがいない。つまりいかなる意味で、キバナフジの樹木は、わたしのかたわらではなく「外側」にあるといえるのか。もしわたしがそれを「外側」としてみるのなら、実在するわたしは、わたし自身の身体の内側に、ちょうど起重機を動かすオペレーターのように、鎮座してわたしを動かしているにちがいない。ただしそうなると、その実在の私を動かしているのは誰かということになる。

アクィナスにとっても、またハイデガーやウィトゲンシュタインにとっても、わたしたちの世界体験は、世界内におけるわたしたちの身体的参加の産物である。もしこの体験が直観的形態ではなく言説的形態をとるとすれば、それはわたしたちのような種類の物質的存在には、みずからにたいして無媒介的に現前することは許されていないからである。ロゴス中心主義は天使たちのものである。たしかにアクィナスは全能の神を、存在と知の両方の根拠であり、かくして両者の調和にみちた一致を保証するものとしての喚起することによって、懐疑論を回避することができた。この前もって確立している調和は、またアクィナスにとっては美学への契機でもある。「神学なくして認識論なし」がここでは語られざるスローガンかもしれない。けれどもこうした知の理論の神学的基盤がなんであれ、あるいはヘア・ドライヤーは、わたしがそれを知れば知るほど、よりヘア・ドライヤーになると想定するこの理論の特異性がなんであれ、これは、ディチキンスが当然視しているかにみえる旧式の合理主義モデルにくらべると、まちがいなく実り豊かで、ダイナミックで、よりアップ・トゥー・デイトで、総じて心踊る理論である。それはまたジョン・ロックよりもカール・マルクスに近い理論である。

チャールズ・テイラーが記録しているところの、社会的想像界の根源的シフトは、そうした変容すべての例にもれず社会実践に深くかかわる変化を反映したものである。たんに宗教的蒙昧主義が、〈理性〉の汚れなき光を前にして消滅するというようなことではないのだ。それは合理性にかんする異[14]なる概念化の問題でもある。〈理性〉は、アウグスティヌスにもアクィナスにもアンセルムスにとっても、ある種の倫理的・存在論的・形而上学的・さらには審美的な関与——いずれも近代の世界像からははじき飛ばされてしまったもの——と切り離すことができない。また同じくそれは〈サピエンティア〉すなわち叡智の遺産とも分離できない。かくしてこうなるだろう。もし「神への信仰は合理的か?」という問いが、理性の、新たな異なる(過程的・実証的・立証主義的)概念のなかで問われたとしたら——この理性概念では、現実は実験によって証明できたり合理的に演繹できるものでしかないが——、もしそうなら、答えは最初からほとんど決まっているようなものである。[*12] 世界を相互に通約不可能な合理的根拠の集積とみる世界観に肩入れしなくとも、たとえば人類学においてなにが正しいか、もしくはなにがじゅうぶんに根拠づけられているかを決める基準は、芸術史における同種の基準と同じではないことぐらい誰にでもわかる。わたしたちがなすべきは、科学がいかなるものによって構成されているかを正確に解明することではなく、ほかの語り方(たとえば精神分析など)が、科学的パラダイムに適合できるかどうかをみきわめることである。この場合、もし精神分析のめざすところが、このパラダイムそのものの変革であったらどうなるのか。ユルゲン・ハーバーマスのコミュニケーション行為の合理性概念は、ヨーロッパ大陸では容認可能な理性の形式として通用しているかもしれないが、その信憑性は、アングロ・サクソンの哲学においては疑いの目を向けられているのである。

科学と合理性(もっともチャールズ・テイラー自身はこうした問題の立て方をしていないのだが)は、わたしたちがすることと骨がらみになっている言語ゲームであって、わたしたちの言語ゲームにおける変容は、物質的生活様式における変動を一般に反映している。表象におけるラディカルな変化は、テイラーの主張によれば、そうした文化的背景と照らし合わせたときにはじめて意味をもちうる。いまやわたしたちが身を置くようになった社会実践の世界とは、そこから超越することがますます無意味になりつつある世界である。このことは、マルクスが蒸気機関の時代にいかにして叙事詩はいまもなお作られうるのかと問うたとき、おそらく念頭に置いていたことに近い。こうした状況では、ある種の深い問いかけはもはや不可能になる、そのいっぽうで革新的な問いかけならすぐにも出現することになる。

あらたに生まれた人間にかんする高尚なイメージとは、自由で、自制心にとみ、主体的で、自律的で、傷つくことがなく、威厳があり、自己責任をとり、冷静沈着で、思索的で、超然としていて感情に動かされることなく公平であるというものだ。この歴史特殊的で道徳的にみてむらのあるイメージを、ディチキンスは〈理性〉的として言祝《ことほ》いでいるにすぎない。彼にとって、これは〈人間〉が成人に達したことを意味している。彼がみていないこと、それはこの成熟が、いくらイマニュエル・カントのリベラリズム思想のなかで威厳あるかたちで表明されていようとも、ある種の幼児的不安と切り離せないということだ。主体性、制御、自律は、称賛されてしかるべき美徳であるが、それらはまた、そのひとつひとつが征服支配の試みである――いまや脅威的なまでに異質なものと感じられるようになった世界にたいするところの。統治権は孤独と切り離せなくなった。啓蒙思想の人間は、その自信の絶頂のなかで、宇宙でただひとり孤立しているという寒々とした孤独を味わうのだ。なにしろ真正なるものは自分以外になにもないのだから。彼の征服感は、それゆえ、恣意性と偶然性にさいなまれる不安感とまじりあう。この不安感は、近代がすすむにつれ悪化の一途をたどる。かつていっぽうの側から世界に注入してきた価値観を、もういっぽうの側から取り出し廃棄することに、どんな意味があるのだろう。人間主体が依って立つ自分自身という基盤とは、そもそも何であるのか。

とはいえ超越性は、ただたんに消えてなくなったわけではない。ある意味で、これこそまさにディチキンスが不満をもらしていたことだが、事態は、はるかに混迷の度を深めている。これまで科学や物質的豊かさや民主政治や経済的有益性といった問題圏を超えたところにあるものを求めてやまない人間の欲望に宗教が満足のゆく解答をあたえることができなくなればなるほど、文学や芸術、文化や人文学、精神分析そして（最近の候補者としては）エコロジーが勢力を拡大してその後釜に座るようになった。芸術が近代において並はずれた重要性を獲得するにいたったのは（現実的なことをいえば、芸術といえども別種の商品にすぎないのだが）、それは、精神的価値がおおむね追放されてしまった世界に、それらが超越性の代用となるものを供給するからである。

おもうに、だからこそ、クリストファー・ヒッチンスは、反宗教運動に邁進する無神論者であるだけでなくアメリカの大学で文学の教授なのである。彼ならびに彼の友人たちの何人かにとって、文学は、この邪悪な世界のなかで人間精神を庇護する最後の聖所のひとつだ。いかに敬虔な合理主義者といえども理性によってのみ生きるにあらず。ある種の深遠なる創造性へのゆるがぬ信仰なくして誰も生きられないことの、これは証左である。わたし自身は四五年間、文学を教えてきて、文学への愛ではヒッチンスにおくれをとらない。ただしわたしが指摘したいのは、わたしたちの超越様式を求めて文学に目を向けると、まちがいなく困ったことになるということだ。こういうと、では文学のかわりに宗教に目を向けろということかと反発されるかもしれないが、そういうことではない。マシュー・アーノルドやF・R・リーヴィスからI・A・リチャーズ、新批評、ノースロップ・フライ、ジョージ・スタイナーにいたるまで、[15]文学を宗教へと転換させる運動は、文学に大きなダメージをあたえて終わるしかなかったからだ。文学は宗教よりも重要であるとともにまた重要ではないのである。

チャールズ・テイラーが書いているように、時間的に階層化されている前近代と対照したときの近代に固有なのは、「人間の自己実現にかんする」単一の「物語、それもたとえば〈進歩の物語〉、〈理性の物語〉、〈自由の物語〉、〈文明の物語〉、〈礼節の物語〉、〈人権の物語〉というように多様に理解されているもの」(716)の出現である。いうまでもないことながら、こうした理念にテイラーは反対しているわけではない。それらが適切なかたちで小文字のまま主張されるのなら。誰もが進歩や理性や自由や文明化を支持するだろう。ちょうど誰もがネルソン・マンデラを崇拝するように。ところが大文字の〈進歩〉〈理性〉〈自由〉〈礼節〉は、今日では、ますますそっぽを向かれるようになってきた。「進歩」という言葉も、いまではイデオロギー的にとことん汚染され、時と場合によっては使うのがはばかられるような言葉となっている。ただディチキンスのような者たちだけが、啓蒙は、もし残滓的な先祖帰り的現象がなければ、自力で勇躍未来に歩をすすめることができると、ひとりよがりの自信をちらつかせ、彼らの愚かな勝ち誇ったレトリックによって、啓蒙の信用失墜に手を貸しているのだ。進歩の理念は、ディチキンス的なひとりよがりから、またポストモダニストの軽薄な懐疑論の双方から救出する必要がある。進歩はあっていい――わたしたちが、つぎのことを忘れなければ。すなわち進歩の実現である文明はまた、地球環境を破壊し無辜の民を虐殺し想像を絶する格差を人間社会につくりだす傾向にあることを忘れなければ。

こうしたことは、奇妙なことながら、ディチキンスの関心をひかなかったようだ。なるほどヒッチンスが人類の歴史を「直線的に」発展するとまでみていないのはたしかだが、しかし、その理由たるや、前史においてわたしたちの信じやすさにつけいっていた宗教が、わたしたちをそこにまた引きもどしたりしなければということなのだ。「わたしたちが最初におこなわねばならぬことは、この前史を超越することであり」と彼は安っぽいゴシック小説の毒々しい散文で、こう書いている――「そしてわたしたちを地下避難所へ、悪臭漂う祭壇へ、そして従属と屈辱からなる罪深い快楽へとわたしたちを連れもどす節くれだった手から逃れることである」（283）と。このくらいの恐怖など、ヒッチンス自身が大いに興奮して関心を寄せている軍事的暴力にくらべれば、生ぬるいのではとおもうむきもあろう。わたしたちは悪臭漂う祭壇に連れもどされるというよりも、生物兵器戦争と環境の大規模破壊へとあと押しされているというべきではないか。ヒッチンスがわたしたちに請合うのは、ひとたびわたしたちが、信じやすい性格と縁を切るなら、「わたしたちのささやかな頭脳のさらなる進化が、そして医療の唖然とするほどの進歩が、平均寿命の飛躍的増大が、夢物語ではないかたちで見込める」（94）ということだ。もちろん、その間、わたしたちが地球上で自滅しなければの話である。ドーキンスも、進歩についてはパングロス的楽観論〔16〕をいだいている。彼は慎重なモダン派であるにもかかわらず、なにやら旧弊なヘーゲル主義者じみたところがあって、〈時代精神〉（彼自身の言葉だが）は、たとえ時折、ゆりもどしがあるにしても、絶えず増大してゆく道徳的進歩に寄り添うと信じている。彼はテレビのスポーツ番組の興奮したコメンテーターさながらに「大きな波」が「動きつづけている」[*13]と述べる。彼は、その言葉のはしばしにうぬぼれをにじませながら、二一世紀のほとんどの人間は、「中世における現代の科学者にあたる人びと、さらには一九二〇年代の科学者たちでもいいが、彼らよりも、はるかにすすんでいるのである」（271）と。この程度の歴史理解しかもてないようなドーキンス自身は、いまから一世紀後でも、洞窟で暮らしている原始人とあまりかわりないようにおもえるのだが。

わたしたちが他人の痛みになんらかのかたちで以前よりも敏感になったのは事実だ。またそれに応じて、わたしたちは以前よりもさらに自意識的な人道主義者に、そして他者にたいして以前にもまして道徳的責任をも痛感することになった。こうした進歩は、おおむねほめられていい。しかし、こうした進歩だけをリストアップするだけで、ホロコーストやふたつの世界大戦に触れようともしないのは、最大の偏見と考えられてもいたしかたないだろう。ドーキンスは、じっさいに第二次世界大戦について言及しているが、それもただ、アメリカのイラク侵攻よりも第二次世界大戦のほうが戦死率が高いと、それだけのことを指摘せんがために、である――わたしたちが年毎に着実に高潔さへと上昇することの、これはいまひとつの輝かしい証明であるというわけだ。彼はまたヒトラーについても言及している――ヒトラーのことを彼はきびしい「ゆりもどし」であったと率直にみとめている――、しかしそのいわんとすることは、ヒトラーの犯罪も、カリギュラとチンギス・ハンの時代であったなら、とくに悪質なものとはみなされなかっただろうということだ。

そのためヒトラーの残虐行為をも凡庸なものにみせる過去の残虐、とはつまり、現在のほうが道徳的に進歩したということであり、ヒトラーが、道徳的進歩を示す徴候のひとつとなる。この考え方にはゲッペルス〔ヒトラー政権における国民啓発宣伝大臣〕ですらおもわず絶句するであろう。総統はまたカトリックの家庭に生まれカトリックとして育てられた。これはドーキンスが間髪をいれずに主張したように、この事実によって、すくなくともこのジェノサイドは、ドーキンス的な無神論者のしわざではないことが立証される。これまで注目をあびなかったことだが、ヒトラーは〈ロザリオの祈り〉と〈無原罪懐胎説〉を信奉する熱心なカトリック信者であった。ヒッチンスも彼なりに、あらゆる形式の全体主義的思想統制は宗教的なものだと考えているようだ。そして彼自身、カトリック教会とファシズムとのいまわしい共謀についてみごとな告発を展開するのだが、臆面なき不誠実さをさらけだして、ナチスとスターリン主義とがおおむね世俗的体制であるという事実には目を向けないようにし、ただひたすら、宗教界がファシズムを支援したことに批判を浴びせるのである。

ドーキンスは度量のあるところをみせてヒトラーのほうがチンギス・ハンよりも多くの人間を殺したことを認めているが、しかしヒトラーは、二〇世紀のテクノロジーを自由に駆使できたので規模が大きくなったまでだと、情状酌量の余地があるかのように述べている。また別の点で、わたしたちは二〇世紀が、きわめて血塗られた記録的な世紀であるにもかかわらず、道徳的進歩を示す指標であると信じるようにいざなわれる。その理由は、酒場で人種差別主義者のおしゃべりを聞くことがすくなくなった、あるいはすくなくともドーキンスが足しげく通う酒場では、そうらしいからというのだ。わたしたちは、これからずっと、ますますすばらしくなってゆく。科学の発展と道徳的進化は、手と手をとりあって進んでゆくだろう——ドーキンスや、純朴なヴィクトリア朝時代の合理主義者にとっては。科学が、わたしたちの進歩に貢献するとともに、わたしたちの堕落にも貢献しているという考え方は、たとえおざなりにであれ一顧だにされていない。いわんやヒッチンスにおいてをや。これは、すぐれた知性をもちながら、イデオロギーのはたらきによって、ある種の点においてはまったく鈍感になってしまう人間のみごとな実例である。

人間の進歩には、「ローカルで一時的なゆりもどし」があることを、ドーキンスは認めるのにやぶさかではない（そのようなマイナーなゆりもどしてとしては、ベルゼン、ヒロシマ、アパルトヘイトなどが浮かぶ）が、全般的に右肩上がりの上昇傾向を示していることに疑いの余地はないという。そしてつぎに、この〈ミスター公共科学〉自身の口から、こんなことを聞かされることになる。いくつかのローカルな障害、たとえば環境破壊や民族紛争、原子力発電の潜在的カタストロフの恐怖などを脇に置いて考えれば、歴史は常に上り坂である、と。満面の笑みをたたえてはやし立てる福音伝道師も、これほどまで病的に楽観的ではない。これを、盲目的信仰と呼ばずしてなんであるのか。いかなる合理的精神が、このような世俗の神話を信じてしまうのか。

いまひとつのそうした世俗の神話——と、考える科学者たちもいる——とは、ドーキンスの「ミーム」概念である。これは、遺伝子による伝播のパロディめいたかたちで、後天的に受け継がれる文化的遺伝子のことである。文化と生物学とのこの合成において、ドーキンスは、まぎれもなく、一九世紀実証主義の申し子である。またこの合成によってみすごされてしまうものの、それは道徳と科学は、連携しながら進歩するどころか、たがいに激しく対立葛藤しながら進歩してきたということである。わたしたちは遠隔通信手段をもつようになったかもしれないが、また以前にもましてたがいに激しく殺しあうようにもなった。文明にとって多くの勝利は、潜在的には、野蛮の進展である。ドーキンスは、昔ながらの、愚直な還元主義的体系の構築者で、ジョージ・エリオットの小説『ミドルマーチ』〔17〕から直接抜け出てきた観のある科学者で、あらゆる神話に通ずる鍵を、あるいはあらゆる生の根源的基盤を、探さずには気がすまないのだ。こうした勝ち誇ったような全体体系づくりは、いずれ失敗する運命にある。ちょうど『ミドルマーチ』に登場する血気盛んな全体理論構築家たちが失脚するように。そうした還元主義的体系は、ドーキンスが正しく擁護する自由とは相容れない。この意味からも、彼の思想は、自己矛盾をおこしているのである。

＊

進歩の可能性を信ずることになんら不都合はない。強烈な進歩イデオロギーに染まるのとはわけがちがうからである。進歩を是としながらも、〈進歩〉イデオロギーのお先棒をかつぐのを拒否することは決して無定見なことではない。ディチキンスには、さらに念頭に置いてもらいたいものだ――多くの宗教家が、彼に負けず劣らず熱烈な〈進歩〉擁護者であったこと、を。アラステア・クルックが指摘しているように、主流のイスラム主義者たちの多くは、進歩を大前提とした西洋の進歩物語を否定し、あわせて西洋の物質主義や個人主義も否定している。ワシントンのシンクタンクが、「わたしたちは、わたしたちの価値観を共有しない人びとと対決すれば、生き延びることはできない」と最近宣言したのだが、このとき、きれいさっぱり忘れ去られているのは、西洋文明は、まさにそのようにして何世紀も、逆に生き延びてきたことだ。

そうした西洋文明は、植民地主義と呼ばれるものである。またそのシンクタンクが念頭に置いていたのは、つぎのようなことではないことは歴然としている。つまり西洋文明は、みずからの仮借なき物質主義と自己中心的な個人主義にたいする強烈な批判をまえにしたら、生き残りはむずかしいだろうが、そうした批判があればこそ、なおいっそう向上できるというような、殊勝な考えではないようだ。殊勝どころか、そのシンクタンクは、「西洋の確信」をとりもどすことに答えがあると結論づける。それには、みずからの敵にたいして、核兵器をふくむあらゆる手段を行使する断固たる決意が必要だと説くのである。[*14]

人間の理性の至高性にたいする啓蒙化された信頼は、マーリン〔アーサー王伝説に登場する予言者・魔術師〕の魔法なみに、とことん眉唾物になりうるし、わたしたちには際限なき自己改善の能力があるという信念にしても、レプレコン〔アイルランド神話に登場する老人の妖精〕がいるという信念に負けず劣らず目を見張るような迷信性をもちうるのである。それどころかヒューマニズムも、昨今の世界情勢をみるにつけ、ローマ教皇の無謬性と同じく、ほぼありえないとおもえるときがよくあるくらいだ。かくも多くの住民にたいして満足に食事もあたえられない世界そのものについて、成熟した世界などと、よくいえるではないか。J・L・オースティンは聖アウグスティヌスなど足元にもおよばぬほどの、顕著な進化をとげた人物なのか。理性にかんするかぎり、わたしたちは資本主義システムをどう考えるべきなのだろう——際立って合理的でありながら巨大な不合理をかかえるシステム、蓄積のための蓄積にはしり、その過程で膨大な無駄と無価値を発生させるこのシステム、を。光の過剰は、とエドマンド・バークは述べている――闇をもたらす可能性がある、と。理性の余剰は、狂気の一種になりうる（こちらは、ともにアイルランド出身ということでバークの同胞であったジョナサン・スウィフトが『ガリヴァー旅行記』のなかで証明したように）。身体的生と情念からみずからを切り離した合理性の形態は、主体＝主観の領分を内側から造型することができなくなり、主体＝主観をカオスと暴力にあけ渡してしまう。原始主義は、合理主義の裏面なのである。[18]

まさにこれこそ、啓蒙思想のいう理性なるものが、たとえその価値がはかりしれぬほど大きなものであっても、容易にみずからの敵を生み出しうる理由のひとつなのだ。進歩イデオロギーは、わたしたちから歴史的遺産を奪い取るのだが、それはこのイデオロギーにとって過去は乗り越えられたがゆえに、前史という原初の森に追放されるべきものだからだが、そうすることでわたしたちから、わたしたちの未来に必要な貴重きわまりない資源の多くを奪う結果になる。過去を消去することで未来に乗り出そうとする者たちは、過去によるしっぺがえしをおもい知ることになるだろう。グローバルな宗教復興は、まさにこうした抑圧したものの回帰の一例である。得意満面の啓蒙思想の理性は、宗教的信念の性質についてはおおむね無知である。理性がみようとしないことだが、宗教は、非情な分析に席巻されても消滅せず根強く残る欲求や憧れを、暗号化して保存しているのだ。理性は、こうした宗教的信念のなかに、お笑い草の迷信や子供じみた不合理な考え方以外のなにものもみないために、宗教信仰を克服できなくなった。

ディチキンスも早晩、同じ運命をたどるだろう。

カール・マルクスは、すでにみてきたように、彼が抑圧された者たちのため息と呼んだものを宗教のなかに聞いていたことからわかるように、ディチキンスのようにナイーヴではなかった。宗教は、これを尊大な姿勢によって拒絶するのではなく、丁寧に解読せねばならないとマルクスは考える。宗教の出自となった領域に、理性は知らぬ存ぜぬを決めるべきではない。宗教がその力の多くを引き出している非＝合理な利害とか欲望を、理性が認知できれば、そのときはじめて、理性は堅固なものとなり、欲望がアナーキー状態へと横滑りして理性を圧倒するのを防げるのだ。宗教を批判するとき、合理的議論のレヴェルでのみ宗教を攻撃する議論が成功を望めない理由もここにある。

こうしたことすべてをずいぶんまえにエウリピデスは知っていた。[*15]『バッカイ』[19]のペンテウス王は、未熟な合理主義者であり、この王が、怪物的な破壊者にして官能的な誘惑者であるディオニュソス神と遭遇したとき、できることといったらいうことを聞かぬと首を切るぞと脅すことだった。今日の西洋と同じく、テロリズムにたいする彼の対応策は、有無をいわせぬかたちで、それを鎖でつないで身動きできなくさせるというものだ。無辜の民の命を脅かすテロリストたちにたいしては合法的な強権を発動し彼らをねじ伏せねばならぬことはいうまでもない。しかしペンテウスによる強権発動は、今日の西洋の政治戦略と同様、みずからに敵対する世界があるという現実を認めないための一手段になってしまい、そのためテロ封じ込め作戦としては失敗を運命づけられている。今日の西洋にとって、こうした強制的排除は、テロの原因を調べる義務を回避する手段になっているのだが、テロの原因を解明しないかぎり、テロとの戦いで勝利など望めないのである。また当然、そうした強制的排除は、西洋の門前で猛威をふるう憤怒の嵐にたいし、その責任の一端をみずから負っていることを否認するための手段にもなっている。暴力の狂宴に直面した理性、それも未熟で貧弱な形式の理性が凶暴化するのである。ちょうどある種の過剰(アナーキー)が別種の過剰(独裁政治)を喚起し誕生させるように。フロイト主義者たちが気づいているように、抑圧は欲望を強化するにすぎないのだ。

理性は、その支配を維持するためには、もともと理性的ではない諸力と折りあいをつけねばならないのだが、ペンテウスにはこのことがみえていない。理性が非理性に降伏しなければならないということではなく、非理性と暫定的な休戦条約をむすばねばならないということだ。テーバイの王は、それゆえ、彼が嘆く蛮行のまさに鏡像に、やむなく、みずからなりおおせてしまう。この直情型の君主は、理性への過剰な思い入れ——この場合は、理にかなったという意味の理性ではなく、合理主義と同種の理性だが——が、実のところ、みずからのなかにある不合理な諸力から身を守るための手段として機能していることがみえていない。そしてこの防衛は、最後には、不合理な諸力を喚起して終わることになる。かくしてペンテウスは、シェイクスピアの『尺には尺を』のアンジェロと同じく、みずから統制しようとしている官能的な快楽に、ひそかにあこがれていたことがわかるのだ。おぞましくも荒ぶる神ディオニュソスのなかに自分自身のなにがしかがあると認知すること――キリスト教では改悛として知られる行為――へ赴くことをせず、彼はこの聖なるテロリストを、押さえつけるべき無法者の他者としてあつかうだけであり、そうすることで最後には神のリビドー的怒りに触れて八つ裂きにされてしまうのだ。常軌を逸した合理主義者ペンテウスは、この暗黒のものが自分のものであることを認めることができない。それは西洋が、いまみずからに降りかかっている怪物的なテロの責任の一端をみずからが負うことを認めることができないことと、どこか似ている。

皮肉なことに、進歩思想は宗教的な共鳴音を響かせている、このことはチャールズ・テイラーが『世俗時代』のなかで「神慮＝代理」として語っている(279)。けれどもキリスト教終末論は、無限の進化という概念からはほど遠いこともたしかだ。神の王国は、歴史の右肩上がりの諧調音楽のなかのトップの勝利音として奏でられるのではない。それは壮大な歴史の進化の頂点ではなく、歴史におけるさまざまな特異点の総体なのであり、このとき男女は正義を求めて戦い、そうすることで普遍的な平和と正義の到来――神の統治――の先駆けとなるのである。まさにこのようにキリスト教神学は、歴史を、進歩思想の傲慢に染まることなく変容させる可能性を信じている。ヴァルター・ベンヤミンが認識していたように、神の統治とは、いうなれば永遠の相のもとでみたときの、抑圧された者たちの側にたった戦い、それも蹴散らされ、しばしば敗北を運命づけられた戦いの総体であり、それらはひとつにまとめられ、《ヌンク・スタンス》すなわち単一点を形成するのだが、おのおのの戦いはひとつにまとめられることで、一貫した物語として実現し救済されるのである。[*16] 近代は大きな物語を信じている。いっぽうポスト近代は信じていない。ユダヤ人とキリスト教徒は、いまだ到来しない大きな物語がひとつあると信じている。それはあとから回顧すると物語とわかるような物語なのだ。ベンヤミンは書いている「救済された人類だけが、みずからの過去が首尾一貫した物語であったことを理解しうけとめるのである」[*17]と。

進歩問題について最後の言葉は、テオドール・アドルノにまかせるべきであろう。ナチスの歴史的勝利の行進の被害者であったアドルノに。「進歩については、もっとも素朴な、もっとも基本的な観点から考えるのが望ましい」とアドルノは述べる――すなわち「誰もがもうこれ以上お腹をすかせることはなく、拷問はもはやなくなり、アウシュヴィッツもうなくなること。こうなったときはじめて進歩思想は、嘘から解放されるのである」[*18]と。

＊

マルクス主義はリベラルな啓蒙思想の高邁な理想に文句をつけたことなど一度もない。ただし、あえて猫かぶりして、問いただすことはある。高邁な理想を実現する試みがあるとき、いつもそれらは、なんらかの不可避の論理によって、なぜ正反対のものにねじれてしまいがちなのか、また、その結果、いっぽうの側にとっての自由が、もういっぽうの側では搾取になってしまい、概念的平等が現実の不平等を生むのは、なぜか、と。リベラリズムとは高位聖職者や長老たちからの解放という、人を元気にさせる物語であり、男も女も、ヒトという種に属するというただそれだけの理由によって、自由で平等で、自己決定する主体であるというスキャンダラスな真実を力説している。これは歴史上で日の目をみた、もっとも驚くべきラディカルな洞察のひとつであるが、ユダヤ・キリスト教のなかに、その先駆的思想の萌芽が認められる。中産階級リベラリズムは、その盛期においては、社会主義がこれまでそうあらんとつとめてきたものよりもはるかに革命的潮流に棹《さお》さしていた。その壮大なる業績を基盤とすることができないような社会主義は、最初から、道徳的にも物質的にも破綻する危機に瀕しているのだ。

と同時にリベラリズムがはぐくんできたものを以下に列挙してみよう。人間の自己のありようを原子的に孤立したものとしてとらえる概念、人間関係にかんするドライな契約観、実利一辺倒の貧弱な倫理観、理性にかんする粗悪な道具的理念、原理原則をすべからく疑うという原理原則、人間の共同体にかんする矮小化された考え方、進歩と文明にたいするひとりよがりの是認、人間の本性の凶悪面を見て見ぬふりをする姿勢、そして権力と国家と自由と伝統にたいする辛辣な否定的観点。支配形式としての理性偏重が生み出した、西洋文明におけるいくつかの局面にたいし、その病的な反応としてイスラムの過激派のテロが生まれる。この意味で、文明と野蛮は、啓蒙と不合理は、みかけほど純粋なアンチテーゼとはなっていないのである。

その昔、マックス・ホルクハイマーとテオドール・アドルノが啓蒙の弁証法と呼んだもの[*19]は、ある種の建設的な二重思考形態だったが、これを、とりわけドーキンスは、進歩にたいするその律儀な盛期ヴィクトリア時代の信仰もあって把握しかねているようだ。進歩の現実を主張した点で彼はまちがいなく正しい。ポストモダニストのなかでも勉強不足の輩だけが、進歩を否定しているにすぎない。しかしながら、すでにみてきたようにディチキンスは、ハーバート・スペンサーやG・H・ルイス、[20]その他、同様のヴィクトリア時代のイデオローグさながら、進歩のみならず、〈進歩〉をも信じているようにおもわれる――だが今日の世界ではこの信念は、荒唐無稽さでいえば、アーサー王がまもなく再来するという信念とどっこいどっこいであるのだが。とはつまりリベラルな合理主義は、それ自身の形而上的な信念をたずさえていて、そのかぎりにおいて、それが痛罵する宗教的信念と共通するものをもっているということだ。「ラッセルと、彼らのあいだの主任司祭たちは、かぎりない悪をはたらいた、かぎりない悪、をだ」とルートヴィッヒ・ウィトゲンシュタインはかつて友人にこぼしたことがあるが、こう語ることで、当時イギリスでもっとも著名だった反宗教的リベラル合理主義者を、その彼が非難してやまない聖職者そのものとむすびつけたのだ。[*20]徹底した合理主義の未来を夢見るとき、そうした未来はどこまで天国のかわりになるのか？　大文字の「進歩」は、「来世」をリベラル合理主義によって翻訳したものではないのか？　リベラル合理主義は、ほんとうに宗教の影響を脱しているのか？

文化的白人至上主義の超文明的銘柄――それは、ありふれた人種差別主義といっしょくたにされるとまちがいなく憤慨するにちがいない――が、いま流行している。とりわけ文学知識人層に。他者を、その他者が属する人種ゆえに劣等人間呼ばわりするのは、現在では、容認されることではないため、そのかわりに、他者を、その他者が信奉している宗教ゆえに外部の闇のなかに放逐しても非難を浴びないと考えたのだろう。小説家のマーティン・エイミスは、イスラム社会を西洋にくらべて「進化していない」と語っている。西洋が、何十万というみずからの成員を虐殺にするのに忙しい、まさにその時に。この西洋よりも、さらに進化の度合いが低いと語ることは尋常なことではない。またすでに注意を促したことでもあるが、一部の西洋のリベラルが、自分たちのリベラルな価値観への最初の攻撃だけで、苦もなく非リベラリズムに屈服してしまうのをみるのは、なんとも口惜しい。このパニックの背後にはおなじみの物語がある――この寓話では、まず最初に野蛮が来て、つぎに文明が到来するが、しかしわたしたちを苦しめるべく野蛮の可能性がつねについてまわるのだ。文明は、悪臭を放つ野蛮という沼から汗水たらして引き揚げたものだが、いつなんどきもとの野蛮に堕落するかもしれない危険がついてまわる。これがおなじみのヴィクトリア時代的不安であった。

　この寓話がみすごしているのは、野蛮と文明は、逐次《シークエンス》的に生起するだけでなく、同時《シンクロニック》に生起もするということである――人間の文明は、とりわけ、かなり細部にいたるまで、暴力と攻撃性の「高尚な」あるいは昇華された形態なのである。ラディカルな思想によれば、野蛮は、わたしたちが文明と呼んでいるかけがえのないものを密かに可能にする成立条件のひとつ、あるいはかろうじて隠されている文明の裏面のひとつでありつづけている――この野蛮というサブテクストは、最近ではジョージ・ブッシュと彼のネオコン・ギャングたちのおかげで、影に隠れていたり秘匿されたりする度合いがすくなくなった。通常、国民国家を形成するのは暴力であるが、この暴力は、単純に文明へと道をゆずったりはしない。そのかわり暴力は、〈自然〉を攻撃的に管理するといういとなみ――これなくしては文明の存続がかなわぬもの――に昇華され吸収されてゆく。暴力はまた政治国家を防衛する任務にも昇華され吸収される。こうして、いまや暴力は、軍隊、法、政治的権威として知られるものになる。テロ行為がきわめて警戒を要するものである理由とは、それが言語道断であるという理由をひとまず脇に置いて考えると、それが、文明にとって、みずからの認めたくはない隠れた局面のなにがしかを暴露するからである。自由の核心には、ある種の強制が潜んでいるのだ。ちょうど理性がつねにその対立物に汚染されているように。

宗教という主題について、ディチキンスがそうであるようにリベラル・ヒューマニスト的な精神によって考察しても、彼の滑稽なまでに不機嫌な宗教への罵倒を、いささかもそこなうことはないだろう――いや、それどころか堅固に強化することになるだろうが、あろうことか、彼はリベラルでもなければ合理的でもない無差別の宗教批判に宗教を譲り渡してしまうのだ。リチャード・ドーキンスのゆるがざる偏向性は、まさにそうしたものであって、宗教的信念からは、人間に恩恵をもたらすようなものがひとつくらいは生まれていてもおかしくないのだが、ほぼ四〇〇ページの本のなかで、そのことですら、どうしても譲歩して認める気にならなかったようなのだ。しかし宗教から人間に恩恵をもたらすものがなにひとつ生まれなかったという考え方は、経験論的にいっても虚偽だし、理論的にいってもありえない。キリスト、あるいはアラー、あるいはブッダの名において、私利私欲を捨て、ひたすら他者のために奉仕すべくみずからの命を犠牲にした数かぎりない人びとが、これでは歴史から一掃されてしまう——これが頑迷な思想との聖戦をみずからに任じた人間から出てくる、実に頑迷な思想なのである。

ヒッチンスについていえば『神は偉大ならず』の二七ページにおいて、信仰をもつ者たちの側の無私無欲の行為の「多く」についても論ずると約束しているのだが、ひとつかふたつおざなりに言及しただけで、あとはどういうわけか約束をはたしていない。わたしたちはまた、彼が勇気ある自己告発の様式を採用して「ヒューマニズムにも陳謝すべき多くの罪がある」(250)ことを知らされるのだが、しかし、それが正確にどういうものかは知らされずじまいである。いずれにせよヒッチンスの本は、信仰のある男女でも、世俗的なヒューマニズムに突き動かされてなにかを達成すればそれを是としているところがある。これは、フェミニストが可能にした改革はいかなるものも、すべからく彼女たちの父親の好影響のゆえんであると論ずるようなものである。

ディチキンスの道徳的首尾一貫性と知的誠実さを大いに高めることになるのは、宗教への彼のやや偏執狂的な悪罵のなかに、以下のことを一瞥するような言説を織りまぜることだろう、すなわち、キリスト教その他の信仰が何世紀にもわたって地に呪われた者たちのために遂行してきた人間的苦悩の緩和行為、あるいは地球の平和のために働いた彼らの努力、あるいは宗教家タイプの人間が同胞たちのためにみずからの命を果敢にも投げうったこと、あるいは合衆国に支援された残虐行為との戦いのなかで聖職者たちがみずからの命を投げうち殉教したこと。こうしたことすべてを認めたからといって、ディチキンスの反宗教イデオロギーは致命的なダメージをこうむることにはなるまい。多くの西洋のリベラルたちは、いわゆるラディカルなイスラムへの批判と、イスラムそのものへの批判とを慎重に区別している。ところがキリスト教の話となると、彼らがここまでの慎重さを発揮することはなく、どのような例があっても批判はゆるがないのだ。どうも、リベラリズムはヨーロッパで発生したわけではないようだ。

わたしはいまアイルランドに住んでいる。アイルランド人はローマ・カトリックに恥ずかしながらひどいめにあい、おまけに食いものにされてきた。その方法たるや、あまりにおなじみのもので、語るのもはばかられるくらいだ。しかしアイルランド人がまちがいなく、まったくといっていいほど気づいていないのは、捨て去るのにごくわずかでも躊躇してしまうような福音書のヴァージョンすら彼らはついぞ耳にしたことがないという事実なのだ。したがってアイルランド人は無神論や懐疑論を安く手に入れることができた。ディチキンスも同じことをしている。そしてこれこそ、人がしかるべきかたちで抗議すべき精神的貧困状況の一形式といえるだろう。たとえそれが、たとえば不義の子どもを産んだからといって病的サディストである修道女たちの手で、一生修道院に閉じ込められるような苦難にくらべたら、精神的貧困状況という点でまだなまやさしいとしても。

カトリック教会は、今日、アイルランドでは当然のことながら評判はおよそかんばしくない。人びとは聖職者が近づいてくるのをみると、往々にして、急いで道を渡り反対側に逃げるのである。いにしえには、そのように忌避されたのは地主階層であった。けれどもアイルランド教会がいくら酷薄さと愚行をながびかせても、教会がなければ、わたしの先祖の多くの世代が、学校教育をうけることもかなわず、介護もされず、精神的に慰撫されることもなく、埋葬すらされなかっただろうというおもいは、わたしから消えることはなかった。わたし自身の先祖のひとりで、一九世紀後半のアイルランドに生きたジョン・イーグルトン医師は、貧しい患者を見舞ってうつったチフスによって二〇代で他界した。もうひとりの先祖マーク・イーグルトン師は説教壇で地元の大地主を非難したため、司教とまずいことになった。[*21] 敬虔なダーウィン主義者であるドーキンスは、獲得された後天的政治的性格が遺伝子的に継承されるという考え方をお気に召さないかもしれないが、いま述べたようなことは、政治的性格の遺伝のささやかな一例である。

ドーキンスが『神は妄想である』に、ヒッチンスが『神は偉大ならず』に費やしたインクが乾くか乾かないうちに、ミャンマーでは、何万という仏教の修行僧が、宗教的原則に促されて、独裁政府の蛮行に抗議してデモ行進したが、そうした努力にたいして彼らは打擲され投獄され暗殺された。インドシナにおける戦争にたいしアメリカ人の良心を最初に動かしたのは、一九六三年にサイゴンで焼身自殺をとげたひとりの仏教僧の自己犠牲行為であった。もうひとりのヴェトナムの仏教僧ティク・ナット・ハン〔21〕はアメリカ公民権運動のなかで傑出した人物となり、マーティン・ルーサー・キングを説得して、ヴェトナム戦争反対の声を上げさせたのである。カンボジアでは、クメール・ルージュがその国の六千人の仏教僧のほとんどすべてを殺したのだが、同国の復興の鍵をにぎる人物となったのは、仏教僧マハ・ゴサナンダ〔22〕であった。チベットでは、一九八七年、大規模なデモを最初にはじめたのは仏教僧であり、何年もつづいたそのデモによって、彼らは厳しい処遇を受けた[*22]。社会主義者たちが中産階級を歴史上もっとも革命的な勢力としてほめたたえ、中産階級なくして、わたしたちにとって貴重な人権やその他の価値観も存在しなかっただろうと考えるとき、なぜディチキンスは、気むずかしく、また知的にも狡猾なかたちで、宗教信仰による偉業を否定し、そのいっぽうで人間の幸福にたいする宗教によるこうした気高き貢献も、組織化された宗教によって永続化した数々の恐怖によって最終的に相殺されるとまで主張するのか――この主張にも一理あることは認めざるをえないとしても。

ヒッチンス、ドーキンス、マーティン・エイミス、サルマン・ラシュディ、イアン・マキューアンといったリベラルな啓蒙思想の化身たちが、ラディカルなイスラムの悪については語るべきことが山のようにあるのにたいし、グローバル資本主義の悪については語るべきことがほとんどないというのは驚くべきことである。じっさいのところ、彼らのほとんどは、「資本主義」

という語を使うことはまずない。たとえ資本主義のあれやこれやの行きすぎについて時おり抗議する場合にも。彼らの多くが声高に非難する対象が、たとえばサウジアラビアあるいはパキスタンにおけるアメリカにバックアップされた唖然とするほどの腐敗体制であることはほとんどない。よく知られた事実がある(とはいえアメリカのメディアでは、なじみのない事実かもしれないが)。いまから三〇年前、日付にしてツイン・タワー攻撃の一日まえ、合衆国政府は民主的選挙で成立したチリ政府を暴力的に転覆し、その後釜に唾棄すべき傀儡独裁者をすえるが、この独裁者は、ワールド・トレード・センターの死亡者をはるかにうわまわる数の人間を大量に虐殺する。合衆国が何年にもわたって支援しているインドネシアの体制は、おそらく、サダム・フセインよりもはるかに多くの人間を殺害している。イスラム主義者の残虐行為に抗議すべく星条旗をまとう人びとは、こうした事実を肝に銘じておくべきだ。

こうした帝国主義的暴虐の歴史こそが、数ある原因のなかでもとりわけ大きな原因として、イスラム主義者による極悪非道のテロ行為という反応を引き起こしたのだと信じてよい理由はじゅうぶんにある。アイジャズ・アフマドが論じているように、過激なイスラム主義者たちは、その加熱したピューリタン的想像力のなかで西洋を、腐敗と背徳の掃きだめ以外のなにものでもないとみなしているのだが、そうした彼らが、彼ら自身を敵視している西洋の環境に移住すると、「自分たちのためにあるとおもわれる、じっさいには存在しない永続的で共有された過去を想像する」[*23]。彼らは、ほかの多くの移民コミュニティと、とりわけアメリカのアイルランド人たちとともに、こうした幻影を共有している。たとえそうでも、アフマドがさらに指摘しているように、こうした潜在的なアルカイダ要員たちすべては、長きにわたるヨーロッパ支配あるいは植民地占領という不名誉な歴史をもつ国々の出身者たちである。アラブ世界では、こうした不満分子たちは、自分たちの支配者を、「彼らの民族的資源を西洋に抵当としてあけ渡し、そうして得た不労所得を自分たちやその同類の贅沢のために浪費し、そして内戦こそすれ、侵略者や占領者にたいしては手も足も出ない軍隊を設立すると、そうみている」。参加すべき信用のおける軍隊をみつけられない彼らは、自前の軍隊を、それも秘密裡に行動し、国家をもたず、みずからの行動のプロパガンダに専念する軍隊をつくる。「彼らは数えきれない多くの一般市民がアメリカやイスラエルによって殺されたところを目の当たりにしてきた」とアフマドはさらにこう付け加える――「そのため彼ら自身の手で一般市民を殺すようなことがあっても、それをテロとはみなさないし、彼ら自身の仲間がこうむった苦難にくらべたら、なにほどのものでもないと考えている。どちらかといえば、彼らは自分たちのことを対テロリストとみているのだ[*24]」。

イスラム主義者のプロパガンダにかんするこうした見解を眉唾物と考える読者は、つぎのことを留意すべきである。すなわちこの著者は、そうした過激派集団の暴力を帝政ロシアの革命テロリストの暴力になぞらえ、いっぽうタリバンの「理不尽な懲罰的で不可解な体制」をカンボジアのポル・ポト体制になぞらえていることを。けれどもこうした挑発的論争において稀有の平衡感覚をアフマドは発揮し、わたしたちにつぎのことも喚起している。すなわち「タリバン支配はいまわしいものであったが、しかし共産政権後の〔タリバン支配の〕アフガニスタンのこの時期は、女性が支配階級エリートによってレイプされることがなく、また支配者が賄賂をとることもなく、いかなる芥子も栽培されず、ヘロインが製造されることもなかった唯一の時代なのである」[*25]。これとは対照的なのが、それ以前の、合衆国の軍事支援下の、ムジャヒディン軍閥支配下のアフガニスタンである。タリバンが国全体を、女性にとって巨大な牢獄に変え、大衆の飢餓と貧困化を助長する条件をこしらえたとすれば、ムジャヒディン体制は、集団的レイプの狂宴、腐敗の掃きだめ、破滅的内戦状態を意味していたのだから。

過去半世紀において、アフマドが指摘するところでは、政治的に活動するイスラム主義者のなかの大半は、最初、西洋支持の立場を表明するが、やがて、攻撃的な西洋の諸政策に幻滅して反西洋陣営に逃げるしかなくなる。シーア派のなかにおいて、ホメイニ主義が、つまり文民政府を宗教の支配下に置くこと、そしてこの目的達成のために、武装蜂起は正当な手段であるというこのホメイニ主義が、唖然とするほど革新的であったのは、それまでのイスラムの伝統においては政治的変化は、あくまでも選挙を節目に考えられていたからだ。銃口をつきつけてイスラムを強要する人びとは、きわめて少数派にすぎない。イスラム信仰は自殺も一般市民の殺害も禁じている。にもかかわらずこうした暴力的な原則が生まれたのは、アフマドの見解によれば、さまざまな要因が結合したからである。イランでは一九五三年にＣＩＡが支援するクーデターによって、左翼ならびに世俗的反帝国主義的政治勢力が一掃され、王政が復活し、共産主義者や社会民主主義者が迫害され、残忍な治安維持軍の編成をみる。このイラン国王体制の極端な独裁政治は、この体制が合衆国との緊密な関係を維持したこともあり、一九七八年のイスラム革命として結実するラディカルな宗教的反発の引き金をひくことになるが、当初、イランは世俗左翼勢力ならびにリベラルな民主勢力をふくむ国であって、それがＣＩＡの援助によって、強硬派のイスラム国家へと変貌をとげたのだった。

インドネシアは、世界最大のムスリム人口だけでなく、世界最大の共産党を野党としてかかえる国家であったが、一九六五年、合衆国に支援されたクーデターが、スカルノ大統領の世俗的反植民地主義的政府を倒し、第二次世界大戦後の歴史において単一事例としては世界最大の共産主義者虐殺を断行し、五〇万人以上の命を奪ったあげく、スハルト独裁政権を後釜にすえた。アフガニスタンでは国内の共産主義者ならびにソヴィエトへのイスラム聖戦を組織し断行したのは合衆国であり、それによってムジャヒディン[23]による軍閥政府の礎を築くことになった。アルジェリアでは民主的に選挙されたイスラム政党を脅威としてみた国家体制は、選挙プロセスを無効と宣言する政府を樹立し、合衆国やヨーロッパから拍手喝采を浴びた。この強圧的処置のおかげで、イスラム主義運動内部における聖戦断行派を勢いづかせることになる。エジプトでは合衆国に支援されたムバラク体制が、議会政党であるムスリム同胞団を弾圧し、指導者を投獄、選挙に介入した。パレスチナ占領地域では大衆の圧倒的支持を受けてハマスが選挙に大勝し、正当な選挙で成立した政府が、西側の経済制裁を引き起こすことになり、パレスチナ人民の生命が危機に瀕している。

アフマドならびにわたしの見解では、こう語ったからといって、テロ行為に訴えることを微塵たりとも正当化するものではない。いわんや西洋が自爆テロに責任があると示唆することにもならない。自爆テロの責任は、自爆テロをおこなう者にある。ただ、西洋が、そのような犯罪のターゲットにふさわしいとおもわせる条件の創造に重要な役割をはたしていることを指摘しているとはいえよう。「かたや国内の反左翼的でおおむね独裁体制支持の右翼勢力の連合体（ムスリム勢力）、かたや強硬派の帝国主義＝シオニズム政策（西側の支援を受けた）、両者の拮抗によって生まれる客観的な状況のなか、「穏健な」イスラム主義が、多くの地で、過激派・武力闘争派に道をゆずりつつある」[*26]というアフマドの主張はたしかに正鵠を射ている。イスラム過激派が、いわゆる共産主義に反対する勢力の支持を得て勢力拡大するのを、西側諸国は後押ししている——ちなみに共産主義勢力という名称は、西側の企業資本主義に反対する経済的ナショナリズムを信奉する国であれば、どんな国に対しても付与されたレッテルである。また、これも西側諸国のなせるわざなのだが、ムスリム世界における世俗政権、それも共産主義者を容認するか、さもなくば西側との同盟を拒む世俗政権（インドネシアのスカルノ政権、エジプトのナセル政権）、あるいは穏健な経済ナショナリズムを標榜する世俗政権（イランのモサデク政権）を確実に転覆することによって、西側諸国は、ムスリム社会における世俗政治の空間を狭め、イスラム主義イデオロギーの勃興に手を貸したのである。

イスラム主義が、こうした国々の多くで強力な政治姿勢を形成するようになると、西側は、彼らを「反帝国主義政権」であるとする告発状をお手軽に乱発しはじめたのである――ムバラクとか専制的サウジ王朝といった独裁的指導者たちを後援し、アフガニスタンに侵入したソ連にたいする聖戦を組織するかたちで。その間、イスラエルは国際法を無視してパレスチナ占領をつづける。イスラム暴動先導者たちは大部分、過激な反ユダヤ主義であり、彼ら自身のイスラム信仰についてはまったく無知で、奇怪なまでの抑圧主義的かつ封建主義的で、なんの良心の痛みも感ずることなく殺人に走れるのだ。にもかかわらず、さもありなんというべきか、アフマドが述べているように「イスラム教徒たちは西側の法が……自分たちに正義の判決をくだすとは信じていない」[*27]のである。ディケンズの〈巧みなかわし屋《アートフル・ドジャー》〉(『オリヴァー・ツイスト』に登場するスリのあだ名)は、オールド・ベイリーの裁判所に連行されてゆくとき「これは正義の裁きの場じゃない」と声高に抗議して、自己憐憫のワンマンショーにおよぶ。彼の言いぶんは、その小説が見抜いているように、まったく正しいのである。

一九四五年から一九六五年のあいだは、アフマドが論ずるように、ほとんどのムスリム多数派社会が、左翼思想や世俗思想にきわめて寛容であった。多くのムスリムの学者たちが、すでにみてきたところだが、イスラムと社会主義(あるいはマルクス主義でさえも)は相互に両立可能だと主張し、私有財産を認めるイスラムの根拠に疑いの眼を向けていた。一九五〇年代には、イラクにおける最大の政治組織は共産党であった。一九六〇年代半ばから一九七〇年代後半にかけて、インドネシアのクーデター、アラブ・イスラエル戦争におけるアラブ軍の壊滅的打撃、アフガン聖戦の最初の動きなどの影響で、イスラム世界の左翼と世俗勢力は深刻な危機におちいり、そのいっぽうでこれに対抗するイランやサウジアラビアの原理主義が勢力を拡大する。

かつてはアラブ世界における世俗＝ナショナリズム的、権威主義的社会主義の大潮流であったナセル主義は、一九六七年、西側が支援したイスラエルがエジプトに勝利するにおよんで実質的に崩壊する。その敗北の余波に誕生したイスラム主義は、アラブ諸国をイスラエル勝利へとみちびくのに失敗した責任をナセルに転嫁した。それによってアラブ世界内にあった政治的均衡は、信用失墜したナセル主義からサウジアラビアの君主制的・西洋支持のワッハーブ派原理主義へと傾くことになる。世俗政治がなしえなかったとおもわれるものを、狂信的宗教政治がなしとげるだろうとおもわれた。

かくして西側は、将来、西側の権力への攻撃をはぐくむような基盤形成に関与したのである。一九七一年のヨルダンにおけるイスラエルによる大虐殺のあと、パレスチナ側のイスラム主義イデオロギーはいや増しに力を得ることになる。アフガニスタンに合衆国主導に拠るイスラム国家が誕生するにおよんで、一九九〇年までに、ラディカルなイスラムの復活は着実なものとなった。世界はいまや宗教原理主義の凶悪な形態の目撃者となった――この体制は、サウジアラビアのように帝国主義西洋と和解し、西洋から支援をうけるか、さもなくば反帝国主義闘争を継続しつつ自国内において神政政治的・抑圧的で外国人を嫌い酷薄な家父長体制を樹立する（樹立せんとする）かの、いずれかである。後者の好戦的姿勢のなかに、西洋のマーティン・エイミスらコメンテーターらは精神異常者の行動以外のなにものもみない。しかしそれはアフマドが「あらゆる種類のがん細胞の増殖を可能にする凶悪なコンテクスト」と呼ぶものを、嘆かわしいほどに、あるいは意図的に無視しているのだ。「世俗的世界は」とアフマドはコメントしている――「冒瀆的な者たちの不正にたいしていつもきまって神の正義を持ち出すようなことをしない者たちにも、正義をほどこさねばならない」[*28]と。宗教テロにたいする解決策は、世俗の正義なのである。

　こうしたことすべてては、西洋の帝国主義がなければ狂信的なイスラム主義者も存在しないだろうと主張するものではない。なんであれ、狂信的な信徒はいるものだ。ちょうど西側にも狂信的な福音主義者がいるように。そうではなくて、ガザ地区とよばれる広大な収容所がなければ、まちがいなくなんの問題もなく、ツイン・タワーはいまもなおそびえ立っていたということだ。この程度の合理的主張をイスラムのラディカリズムに帰属させることすら憤慨する者たちは、イスラム教徒を精神異常者としてのみみるほうを好むのだろうが、一度、イギリスのシークレット・サーヴィスのなかでもアイルランド共和国軍（ＩＲＡ）の動向を数年間監視する任務についていている局員に話を聞いてみるべきである。こうしたテロ対策のプロたちは、ものがよくわかっていて、テロリストを、やれモンスターだの狂った獣だのとまくしたてる愚劣なタブロイド紙のヒステリックな攻撃に判断をゆがめることはない。彼らはよく知っている。ＩＲＡの行動は、ときおり常軌を逸することもあるのだが、語の狭い意味において、まぎれもなく合理的であり、この事実を認めないかぎり、テロリストたちをねじふせることはかなわないだろう、と。ちなみにＣＩＡは、誘拐、拷問、殺人、また殺人部隊の支援と民主制の破壊において、まぎれもなくテロリスト集団の資格ありといえるだろう。けれどもだからといってＣＩＡのエージェントが非合理的であるということにはならない。むしろ正反対である。みずからの敵を精神異常者であると決めつけることの裏面にあるのは、みずからを免罪する姿勢である。わたしたちが信仰を、理性の対極にあるものとしてみているかぎり、こうしたあやまちをおかしつづけるだろう。わたしたちが、つぎに向かうのはこの話題である。

第三章

信仰と理性

Faith and Reason

フロイト主義者と政治的ラディカル派は、そのどちらにも属していないと自認する多くの人たちと同様に、つぎのことを了解している。つまり、理性がなければ人間は破滅に向かうが、たとえそうであっても理性は究極的には人間のもっとも奥深いところにあるものでもないということだ。リチャード・ドーキンスは、信仰があると理性が不要になるとうそぶいているが、そんなことはグラマースクール〔英国の大学進学準備のための公立中学校〕で、わたしをこづきまわしていた融通のきかない権威主義的な聖職者たちにすら、あてはまらないことである。理性がなくては、わたしたちは滅びる。だが理性はあまねくゆきわたるものではない。理性はすべてに光をあてるわけではないのだ。リチャード・ドーキンスですら、理性よりむしろ信仰によって生きている。世俗的合理性を熱狂的に推進するドーキンスだが、そんな彼のなかにも潜んでいる度を越した非合理主義の痕跡をわずかであれ見逃がさないでいた無慈悲な観察者もいるのだ。ドーキンスの反宗教主義の熱烈さは、大審問官さえ、たるんだリベラル派のようにみせてしまうものなのだから。

じっさいのところ、ドーキンスは信仰そのものにたいして明白に毛沢東的な信仰心をはぐくんでいるようにおもわれる〔毛沢東の宗教観は本書第四章参照〕——どういう点でといえば、宗教的イデオロギー〔物質的状況や政治的不正への怒りではなく〕が、ラディカルなイスラム勢力を原理的に突き動かしているという救いがたいほど観念的な考え方をしているからである。これとは対照的に、一九八〇年以降のあらゆる自爆テロの調査結果をもとにおこなわれたロバート・ペイプの綿密な宗教研究は、こうした観念的な前提にたいし重大な疑念を呈している。[*01] 宗教の役割を過大にふくらませている点で、ドーキンスは、まさしく多くのラディカルなイスラム主義者に近い。ドーキンスが宗教の力にたいしていだく信念は、それこそあらゆる点でローマ法王の信念と同じくらいゆるぎないのだ。

理性はあらゆるものに光をあてることができないと主張しても、しかし、だからといって非合理主義〔非理性主義〕に屈しないでいることは、フロイト主義者や神学者にとっても政治的ラディカル派にとっても同様にむずかしい。だが理性が依拠する活力なり資源は、理性そのものよりも深いところに根をもち、しかも理性よりも脆弱ではないがゆえに、理性は浸透できるのであって、この真理を大部分のリベラルな合理主義は嘆かわしいことにも見落としている。そしてこのことがわたしたちを信仰と理性にまつわる問題へとみちびくことになる。これはたんなる神学上の問題ではない。ディチキンスが神学に無知であることをもっとも明確に示すのは、神への信仰を論じる際、イエティ的観点とも呼ぶべきものに依拠しているようにみえる点である〔イエティは「雪男」のなかでもヒマラヤ山脈に住むといわれている種類。雪男と同義語の場合もある〕。つまり、神というものを、イエティやネス湖の怪物、あるいは、アトランティスの失われた都市といったような、その実在の証拠が、はなから疑わしいとまではいかないまでも、いまのところきわめてあやふやなものとみるような観点である。この観点によれば、死体愛好家やマイケル・ジャクソンの実在を証明するときのように、理にかなったストレートな方法では、神の存在を証明することができないので、わたしたちは確信より一段劣るもので我慢しなければならない。確信よりも一段下のもの、それが信仰ということになる。

キリスト教信仰へのこうした見方がいかにひどいこじつけかは、神学校の一年生にすら説明を要しないだろう。ディチキンスは、自己中心的権威をふりかざして論ずることを選んだ神学におけるもっとも初歩的な問題について、どうしようもなく途方にくれているのだ。ひとつには神が、UFOやイエティとちがう点として、潜在的な認識対象にすらならないことがあげられる。この意味で、神はビッグ・フット〔北米の伝説上の野生の大男・猿人〕よりむしろ歯の妖精《トゥース・フェアリー》に近い。またいまひとつのこととして、宗教的信仰はそもそも〈至高の神〉が存在するという命題に賛成するかどうかといった次元の話ではない。この点で、無神論と不可知論の大半がつまずいてしまう。神は実体としてこの世に「存在する」わけではない。すくなくともこの点においては、無神論者と信仰者は意見の一致をみるだろう。さらに多くの場合、信仰は命題的というよりむしろ行為遂行的なものである。たしかにキリスト教徒は神がいると信じている。だが、そのこと自体が「わたしは神を信仰する」といった信仰表明を意味するものではない。信仰表明とは、「わたしはゴブリンのなかにも同性愛者がいる、とかたく信じている〔という堅固な確信《コンヴィクション》をいだいている〕」という言明よりも、「わたしは、あなたを信頼する〔あなたにたいする信仰《フェイス》をもっている〕」というような発話に似ている。アブラハムは神にたいする信仰をもっていた〔神を信頼していた〕が、しかし、まずありえないことだが、神が存在しないというおもいが彼のなかに生じたとしても、おかしくはない。逆に悪魔は、伝統的に神の存在を信じているといわれるが、悪魔に神への信仰心はない。

イエティ理論家はさらに別のまちがいもおかしている。伝統的にキリスト教における信仰は確信の問題ととらえられてきたのであり、蓋然性、知的推測、思弁の問題ではないのだ。だからといって、信仰はつねに知より上位のものとみなされていたわけではない。だが、かりに鉄壁の知というものが存在するとしても、それ以外にたしかなものなどなにもないと考えるのは、筋金入りの合理主義者くらいのものである。『ヘブライ人への手紙』の著者が述べるように、信仰とは、希求されるものにたいする強い確信、あるいは、みえざるものにたいする確信なのだ。同様に、キリスト教にとって、希望という美徳も、ある種の確信をふくむことになる。それは確固たる信頼の問題であり、幸運を心のなかで念ずるといった次元の話ではないのだ。科学と宗教を分けるものがほかになんであれ、それは、神学者にとっては、確信の問題とはならない。もちろん、信仰にふさわしい種類の確信は、「赤色に変わったところだ」とか「マウスはあきらかに酩酊しており、よって実験は中止とする」とかいったお定まりの科学的所見と同種のものではないが、けれども、だからといって、「わたしはあなたを愛している」とか「自由民主主義は奴隷制よりはずっとマシだ」とか「傲慢なエマ・ウッドハウスはついに当然の報いをうけるに至った」とかいった発言と同じかというとそうでもない。

知と信念の関係はいちじるしく複雑である。たとえば、ある信念が、理にかなっている〔理性的・合理的〕かもしれないが、真理でないこともある。わたしたちの祖先が後世ではくつがえされるような教義を信じていたのは、彼らがかかえるさまざまな想定や知識量にかんがみれば、理にかなっている。太陽が地球の周囲をまわると彼らが考えたのは、彼らの目にはそう映ったからだ（とはいえ、ウィトゲンシュタインがいたずらっぽく疑問を呈したように、かりに地球が自転しているとしたら、どのようにみえるだろうか）。同様に、世界にかんするさまざまな主張が真実であったとしても、理にかなったものであるとはかぎらない。原子物理学者がわたしたちに語ることの多くは、疑いの余地なく、真実であるが、サミュエル・ジョンソンやバートランド・ラッセルには、とても理にかなったものとはおもえなかっただろう。つまり、原子物理学者が語ることは、事物の本質にかんして、わたしたちの想像を絶するからである。ひとつの核子がふたつの開口を同時に通過できると聞いて、「それは理にかなっている」という言葉が、ぱっと頭におもい浮かぶことはないだろう。

知がなくても信仰をいだくことができるのであれば、逆もまた然りであることを認識しておくことが重要である。もし明日にでも神が、彼自身、特に目をかけている信心深いアメリカを除いた世界の各地で無神論が横行していることに激怒して、「**愚か者ども、わたしはここにいる!**」という言葉を空中数マイルにもわたる巨大な文字で派手に掲げたとしても、かならずしも信仰問題に影響をおよぼすとはかぎらない。それどころか、アーサー・C・クラークの小説の異星人のように、これみよがしに登場してみせても、なんの衝撃もおこさず、最終的には、おおかれすくなかれ無視されて終わるかもしれない。そのように劇的な自己開示が、たんにこれまで蓄えられてきた知に新たな項目をつけ加えるのではなく、わたしたちの発言や行動を根本的に変革するようなかたちで登場しないかぎり、真に信仰とつながりをもつにはいたらないだろう。そして、そのようなしるしを目にすれば、はたしてほんとうに根本的な変化をひきおこすのかということにまで話がおよぶと、新約聖書のイエスは怒ってあえて疑念をさしはさんでくるだろう。結局のところ、キリストの処刑死体に満足せずさらに定理や命題を要求するような人びとが、いかなるものにも、語のきわめて興味ぶかい意味においていうところの信仰をもつことは、ありえないからだ。

かりに神が、小説家トマス・ハーディにたいして、牛小屋の上空にいきなり姿をみせても、ハーディは、さしたる感銘もうけないだろうとは容易に想像がつく。というのもハーディは、神というものを、純粋に人間的な観点がすべてそこに収斂するところの虚構の一点としかみなかったからである。またなんらかの〈至高の存在〉が、この理論上の一点に位置することができたとしても、その者は、みずからが人間存在にいかなる関連性をもちうるようになるのか、進化論思想家のように洞察することはないだろう――そもそも人間存在は内在的に偏っていて自分の視点で相対的にしかものをみることができないのだから。ついでながら、こうした想定は、ドーキンスがおもいつくよりもはるかに独創的に進化論を援用して、神という考え方を信用失墜させている。ハーディにとっては、かりに神が存在したとしても、たいして興味深いことをいわないはずなのだ。彼の詩の一節には、神はたしかに世界を創造したが、とっくに世界への興味をなくしてしまっているとある。〔01〕ウィトゲンシュタインの言葉をすこし修正してこれをいいかえるとすれば、つぎのようになるだろう。たとえ神が語ったとしても、わたしたちは神のいうことに興味をもたないだろう、と。

スラヴォイ・ジジェクは『大義を忘れるな』において、原理主義は信仰と知を混同していると述べている。原理主義者は自分が愛されていることが信じられない神経症患者で、愛されていることの確実な証拠がほしいと子どものようにだだをこねているのだ。じっさいのところ彼らは信仰者でもなんでもない。原理主義者たちは信仰心〔信頼心〕を欠いている。原理主義者は、懐疑主義者の鏡像《ミラーイメージ》である。極端に不確実な世界においては、神が提唱する議論の余地なき真理のみが信頼しうるものとなる。「彼ら〔宗教的原理主義者たち〕にとって」とジジェクは書いている――「宗教的陳述と科学的陳述はともに、実証的知という様式に属する。……よりにもよって、いくつかの原理主義者セクト（クリスチャン・サイエンス、サイエントロジー）の名称に

「科学《サイエンス》」という言葉が使われているのは、たんなるたちの悪い冗談とはいえ、信仰を実証的知に還元していることの証左なのである」[*02]と。

　このことは、まさにディチキンスが考えていたことそのものでもある。彼にとって、宗教的陳述は科学的陳述と同類である。ただ前者が無価値で空虚であるにすぎないのだ。ハーバート・マッケイブは、キリスト教信仰は理にかなっている《リーズナブル》ものの、証明不可能であるという正統的な考え方をしているのだが、ゆるぎのない証拠を求めることがじっさいには、反動的な動きとなりうることを指摘している。「証拠が一〇〇パーセントたしかではないという理由で」と彼は書いている――「自分の立場を明確にするのを拒む人びとのなかにこそ、なんらかの道徳的優位性があるというのは、ロマン主義的神話にすぎない。ユダヤ人がドイツで迫害されたこと、アパルトヘイトがはなはだしく不正義であること、カトリック教徒が迫害された地域があること、囚人たちが拷問された地域があること、そうしたことについて絶対的にたしかとはかぎらないという主張を、あまりにも多くの人びとが口にするのをわたしたちはみてきている」[*03]と。さらに科学的合理主義者たちは、なにをもって確信とみなすのかというやっかいな問題を、また、いうまでもなく、わたしたちが生きるよすがとする確信なるものには、さまざまなものがあるというやっかいな問題を、あまりにもあっさりとやりすごしてしまっているのだ。

　だれも無意識を目にしたことはない。しかし、多くの人びとが無意識の存在を信じるのは、それが、この世界での自分たちの体験の意味を実によく説明してくれるからだ（この事例にディチキンスはふくまれるのかと疑う人もいるかもしれない、なにしろ英国人は無意識よりも常識《コモンセンス》をもちだしがちだからだが）。さらに、わたしたちは、自分の信じるものの多くをじかに知っているわけではない。かわりにわたしたちは専門家の知を信頼している。また、多くの人びとが、この世に存在しないもの――たとえば完全に公正な社会といったもの――を信じているのも事実である。要は、信仰と知にかんする問題の総体は、合理主義者が考えるよりはるかに複雑だということだ。

わたしがこれまで述べてきたことは、ドーキンスが予想するような、宗教的主張には、裏づけとなる証拠がまったく必要ないとか、宗教的主張はたんに「詩的」あるいは主観的な真理を表明しているだけだということではない。もしイエスの肉体が埋葬されパレスチナの地で塵と化していたら、キリスト教信仰はむなしいものとなっていただろう。ここでわたしたちは類推《アナロジー》でもって信仰と知の関係をはっきりさせることにしよう。かりにわたしがあなたを愛しているとすれば、あなたのどこを愛しいとおもうのか、いつでも説明できるようにしておかねばならない。さもなければ「愛」という言葉はうめき声と同じぐらい無意味なものになってしまう。わたしは自分の愛情に理由を充当しておかねばならない。しかし、わたしはまた、つぎのことも認めざるをえない。かりに別の人間が、わたしの述べる愛する理由に心から賛同するとしても、その人があなたを愛することはないということ。根拠というものは、それだけで問題の決め手になるものではない。ある時点で、証拠や根拠にたいする特定の見方が生じてくる。これは、証拠と、特殊な個人的かかわりをふくむような見方であり、こうしたことはすべて、事実そのものにはまったく還元できないのだ。つまり、事実にかんする嘘偽りのない説明を聞いたからといって、それだけでいやおうなしにその気にさせられるというわけではない。あるものをウサギではなくアヒルだとおもったり、陰核《クリトリス》切除〔02〕を魅力的なエスニックな風習ではなく犯罪行為とみることは、外観から判断しての認識ではないのである（ちなみに、こうした考え方と、わたしたちは理性によってある程度までみちびかれるが、そのあと不可欠となるのが実存主義的な暗闇への跳躍であるといううさんくさい見方とはちがうことをここで明記しておきたい）。ドイツ文学研究者として『オルフォイスに捧げるソネット』〔ドイツ詩人リルケのソネット集（1923）〕について知るべきことをすべてを知ることができても、だからといってその本から感銘をうけるという保証はどこにもないのだ。

　こうしたことは、ドーキンスのような科学者にとって、身に覚えがないわけではないだろう。重要な意味において、科学者は信仰者であると同時に美学者でもあるとわたしは考える。あらゆるコミュニケーションは信頼《フェイス》〔＝信仰〕をふくんでいる。じっさいのところ、言語による理解という行為にたいして潜在的な障害となるものは、実に多種多様であり、コミュニケーション行為が実現すること自体、ちょっとした奇跡であると考える言語学者もいる。また理性は本質的に対話的なので、やはりコミュニケーションの一種であり、その点である種の信頼〔＝信仰〕をふくむともいえる。証拠をふりかざすだけでは意味がない。証拠を集めた人にたいしてあなたが一定の信頼を置いていないかぎりは。また信頼できる証拠とはどんなものかについて、あなたがなんらかの基準をもっていないかぎりは。またさらに事情を理解する人とのあいだで、あなたが証拠の是非を議論していなければ。

左翼の無神論者のアラン・バディウは、[03] おそらく現存するもっとも偉大なフランス人哲学者なのだが、案にたがわず、英国の学界ではほとんど知られていないものの、ここで述べてきたことをアングロ・サクソンのリベラルな合理主義無神論者たちよりも、ずっとよく理解している。信仰行為にふくまれる真理は、命題的真理から独立しているわけではないが、かといってそれに還元できるものでもないという要点を彼は把握している。[*04] バディウにとって信仰とは、彼が呼ぶところの「出来事」――なめらかな歴史の流れにはまったくそぐわないような完全に独自のハプニングであり、それが発生するコンテクストのなかでは名づけようもなければ把握することもできないもの――にたいする頑迷なまでの忠誠心からできあがっている。真理とは、世間の趨勢に抵抗し、古い体制と袂を分かち根源的に新しい現実を立ち上げるものである。そうした重大な「真理＝出来事」はさまざまなかたちや規模をともなって発生し、それらは、たとえばイエスの復活（バディウはこれを一瞬たりとも信じていない）を皮きりに、キュビスムの時代、カントールの集合理論、シェーンベルクの無調書法、中国の文化大革命、そして一九六八年の政治闘争にいたるまで連綿とつづいている。

バディウによると、人は、いま述べたような出来事による啓示にたいし、情熱的に忠誠を示すことで、真正な人間主体になるのだが、これは生物学的種における名もなき一員であることの対極にある生き方である。主体の断固たる行為なしには真理＝出来事はありえない〔主体のみが真理＝出来事がじっさいに生起していることを認識できる〕が、だからといってそうした出来事がたんに主観的であるというわけではない。だがそうした〔出来事の〕開示にあくまで忠実であることによってしか、主体が生まれないこともたしかなのだ。真理と主体は一挙に出現する。バディウによると、主体を存在へと呼び起こすのは、例外的な、どこまでも特異な真理であり、これが、主体を生む関与行為を喚起するのである。ここでわたしたちは、信頼《フェイス》〔＝誠実、信仰〕と真理の両方を意味する英語の〈troth〉〔忠実、誠実、真理の意味がある〕という言葉をおもい浮かべていいかもしれない。真理は同時に連帯の問題でもあるのは、ふつうそれには教会のような信仰の共同体の出現も関係するからである。こうした関与は、真理の新たな秩序を開示する。そしてこの真理にたいして忠実であること、それが、バディウが倫理的という言葉でいわんとしたことである。真理＝出来事は、神の恩寵のように、招待状であり、この招待状はだれもが手にしうる。真理のまえで、わたしたちはみな平等である。

真理＝出来事はバディウにとってはじゅうぶんにリアル〔実在的〕である――じっさいのところ、現実であるとして一般に通用しているみすぼらしい一連のイリュージョンよりもはるかにリアルである。だが、真理＝出来事は、それを生み出した状況には「属して」おらず、同じコンテクストでのほかの要素といっしょにできないという意味では、リアルではない。キリスト教徒にとって復活はたんなる比喩ではない。それはじゅうぶんにリアルであるのだが、たとえば、コダックをかかえてキリストの墓の周囲に隠れていれば、復活の様子を撮影できるといった意味ではリアル〔現実のもの〕ではない。意味と価値もまたリアル〔現実のもの〕なのだが、そのどちらも写真にとることはできない。それらは詩がリアルであるということと同じ意味でリアルなのだ。空間における特異点や純粋にそれ自体で完結する数学的集合のように、バディウ的な出来事は、正常性というわたしたちの通常のものさしで測ろうとすると、それをすり抜ける一種の不可能性そのものなのだ。だが、この世にいるディチキンス的な人びとからすれば、バディウの思想はパリジャンのたわごとにしか聞こえないだろうが、にもかかわらず、バディウは啓蒙思想家を自認し、科学や平等や普遍性のさまざまな方策をやりくりして、みずからが「迷信という汚名」と呼ぶものに戦いを挑む人なのである。

これまでわたしはさまざまなところでバディウの思想を批判してきた。[*05] 彼の理論にはおびただしい数の問題がある。しかし彼は、信仰とは、物事のありようを記述することよりも、そもそも愛ある関与をつまびらかにするものであるという主要点をしっかりおさえている。信仰という行為には、物事のありようを説明することがふくまれるということは明白であって、それは道徳的命令でも同じである。たとえば、もし私的財産が廃止された地域があるとすれば、そういう地域で、窃盗の取り締まりをしても意味がない。移民取り締まり法は、北極では必要ない。信仰は、ある種の証明不能な命題を承認するといった行為には還元できないというだけのことだ。たとえば、人をして、人種差別のない共同体の可能性を信じさせる〔=可能性に信念《フェイス》をもたせる」のは、一連の関与であって、まず最初にある一連の命題ではない。かりに男女が肌の色で雇用を拒否されるということを知って行動への意欲がかき立てられるとすれば、それはすでに正義という思想とその実現可能性にたいしてなんらかの忠誠を誓っていることを意味するはずだ。そこにいたるには知そのものだけでは不十分なのである。

「信仰者とは、結局のところ、愛する者だ」とキルケゴールは『死に至る病』で述べている。この主張は宗教的信仰者だけを指すわけではない。聖アンセルムスによると、理性そのものが神に根ざしているため、信仰を通してのみ理性を獲得することができるのである。このことは、「私は理解するために信じる」という彼の有名な主張の一角をなす――そしてこの命題は、社会主義者やフェミニストといった信奉者にもまたちがう意味であてはまる。女性解放にあらかじめ熱烈な興味をいだいているからこそ、父権制のはたらきがよりわかるようになるのだ。さもなければ、そんなものにかかずらったりはしないだろう。あらゆる論理的思考は、なんらかの信仰、魅力、傾向、方向性、素因、もしくは事前の関与の枠組みでなされる。パスカルが述べるように、聖人たちが主張しているのは、対象を理解するよりもまず愛すべきであるということだ。これはおそらくわたしたちが対象に魅了されてはじめてそれを十全に理解できるからであろう。[*06] アウグスティヌスとアクィナスにとって、愛は真理の前提条件である。わたしたちが真理を求めるのは、わたしたちの物質的身体が、真理への、生来備わっている欲望を表明しているからだ。この真理への欲望は神への切望の表明でもある。アクィナスが宇宙にかんする論理的考察によって神の存在を証明してみせたのは有名な話だが、これには彼があらかじめ神を信じているという前提がある。アクィナスの証明の意図は、これまで探知されていない惑星の存在を証明するように、神の存在を証明することではない。信仰のある者たちに、彼らの信仰が、自然界に置き換えたときにいかなる意味をもちうるかを示すことにあった。

したがってキリスト教正統思想にとって信仰とは、真の知を可能にするものであり、それはまた日常生活においてもある程度あてはまるものなのだ。これは、大衆の革命運動を基盤にしたときはじめて革命理論は完成しうるというウラジミール・レーニンの主張に通ずるものがある。知は積極的な関与を通じてすこしずつ蓄積されるもので、積極的関与自体が信仰を内包している。信念が行動を動機づけるのはたしかなのだ。と同時に行動によって自分の信念が定まっていくという側面もある。さらにわたしたちは、知を、もっぱら人間よりも事物を知ることをモデルにしてみてきたので、信仰と知がからまりあう別の側面をも見逃してしまっている。特定の人物を信頼〔＝信仰〕してはじめて、その人物に自分のことをあらいざらいさらけ出すという危険をおかすことができるのであり、結果として、自分自身についての真の知が可能になるのだ。この点で、理解可能性は、信頼性と密接にかかわってくるし、これは道徳的概念でもある。さまざまな意味で、知と美徳がたがいに手をたずさえて協調するといえるのだが、これもまた、そうした意味のひとつである。『尺には尺を』で、公爵が誹謗中傷を得意とするルーチオを咎めて語ったように、「愛は、よりよい知識とともに語るものだし、知は、より深い愛でもって語るのだ」（第三幕、第二場）。

結局のところ、愛（その特定の形式が信仰である）のみが、不可能な目標を達成できる、つまり、ロマンスのふやけた魔力、欲望がいだくだらしない幻想、それらをともにはぎとったあとの、ありのままの状況をみすえるという不可能な目標を達成することができるのだ。この種の臨床的で冷徹なリアリズムはあらゆる美徳を必要とする――あやまちをうけいれること、無私無欲、謙譲、寛大の精神、刻苦勉励、不屈の精神、すすんで協働すること、良識ある判断といった美徳を。じっさいアクィナスにとっては、あらゆる美徳は愛に源がある。愛こそが迷妄から目覚めたリアリズムの究極のかたちであり、それゆえ真理と双子なのだ。さらにたいていの場合、愛と真理という双子は、不快なものであるという事実を共有している。ラディカルな人間は、真理というものを、権力者がわたしたちに信じ込ませようとしているよりも、はるかに苦いものだと考えがちであり、わたしたちも、新約聖書において愛がいかなる結末へといたるかをすでにみている。冷静さは、その語の意味のひとつとして、知の死を意味することもあるが、そうではない場合もある。もともとある種の欲望をいだいたり魅力を感じたりしなければ、わざわざ知ろうとする気などおこらないからだ。しかし同時に、ほんとうに知ることができるようになるには、欲望の誘惑や策略をできるかぎり乗り超える努力が必要である。自分がつとめて知ろうとするものを幻想によってゆがめてしまったり、知る対象をナルシスティックな自己イメージに矮小化したりしないように心がける必要があるのだ。

今日、社会主義を信奉することは、聖母マリアが肉体と霊魂をともなって天に召されたと確信することよりさらに異常だと考える人びともいる。にもかかわらず、理性にさからい、動かぬ証拠だと大多数がみなすものにさからってまで、この政治的信条《フェイス》にしがみつく者たちが、わたしたちのなかにいるのはなぜなのか。社会主義がとびぬけて優れた思想で、その信用を失墜させることがきわめてむずかしいとわかったからという理由だけではない。じっさい、社会主義がいくら懸命に信用を落としつづけても、信頼はゆらがないのだ。またさらに、この世界――苦痛のうめきをあげてもがくのを、わたしたちが目の当たりにしているこの世界――が、物事のとりうる唯一の姿であるとはどうしてもおもえないからでもある。たとえ経験的にいって、世界は、これ以外の姿になりようもないと証明されるかもしれないとしても。また、ひとつやふたつのささいな改革の余地はあるとしても、これが望みうる最高の状況だと考える、なんともけちな現実主義者に驚きの念を禁じえないからでもある。社会主義のヴィジョンを撤回することは、人間のもっとも貴重な能力と可能性とみなされるものを裏切ることになるからでもある。人はどれほど懸命に試みようとも、これがあるべき姿ではないという根源的な確信をどうしてもふり払うことができないからでもある――ヴァルター・ベンヤミンが使いそうな表現でいうと、最後の審判の日を念頭に置いて世界をみるという姿勢、この姿勢は、資本家にとっては愚挙であり、株式仲買人にとっては躓《つまず》きの石であるということを、わたしたちがわきまえていようとも。このヴィジョンのなかには、存在の深奥に訴えかけ、情熱のこもった同意を呼びおこすものがあるからでもある。こんなふうに感じないのは自分を捨てることになるからでもある。人類にかんする社会主義のヴィジョンを愛するあまり、この思想に背を向けたり、置き去りにしたり、いやとはいえないからでもある。

こうした理由のどれも、理性に反するものではない――かりに矛盾するのなら、世界がすでに核戦争後の廃墟と化しているか、社会主義がすでに確立しているのに気づかないままでいるとかいった状況ということになろうか。要するに社会主義は、科学的所見や日常生活における認識とは異なる種類のものであるということだ――ちょうどディチキンスが、個人の自由の価値を、そうした科学や日常的なものとはちがうと信じているのと同じである。ディチキンスは自分の信念を科学的に裏づけることができないし、また、そうすべき理由もまったくない。もちろん、だからといってディチキンスが自分の信念を裏づける証拠を示さなくともいいといっているわけでもない。わたしたちのもつ多くの信念は完璧に正当化されているわけではないが、にもかかわらず、そうした信念をいだいても理にかなっているのだ。じっさい、反原理主義者は、わたしたちの信念あるいは知の主張は、完全無欠なかたちで正当化することはできないと主張するだろう。もし証明というものが、同意をむりやり引き出すものを意味するのなら、そうした証明はあきれるほど供給不足である。まちがいなくトマス・アクィナスは証明によって神の存在が自明のものになるとは信じていなかった。

むろん、だからといって、わたしたちの知と信念のすべてが作り物《フィクション》だと示唆したいわけではない。絶対的正当化を渇望するのは神経症的なのであって、称讃されるべきねばり強さとはちがうのだ。それはまるで、牙をむくコブラの巣がベッドの下にできていないか、五分おきに確認するようなものだし、また、ウィトゲンシュタインの『哲学探究』に出てくる男のように、新聞を買ってから、その内容が真実かどうかたしかめるためにもう一部買うようなものである。正当化はある時点で終了しなくてはならず、その時点とは一般的にいえば、ある種の信仰に到達したときを指すのだ。

クリストファー・ヒッチンスはこうした根拠づけの問題にたいし異議を唱えているようにおもわれる。「わたしたちの信念は、信念ではない」と『神は偉大ならず』において彼は彼自身のような無神論者について述べている――「わたしたちの理念は信仰ではない」と。[*07] そのためディチキンス系のリベラル・ヒューマニズムは信念ではないことになる。したがって、たとえば、それは、男女の合理性なり自由への欲望を信頼しておらず、暴政と弾圧の悪についてなんら確信がもてず、男女は神話と迷信のもとで苦しんでいないときに最良の状態になれるという熱烈な信念をいだいていないことになる。ヒッチンスは彼自身のような世俗のリベラル（今回は心を広くして、彼のネオコン同伴者たちには触れないでおこう）が「科学と理性にのみ」に依存しているわけではないことをあきらかにし、そのため信念を科学にもとづく命題と対比させることはしないという。彼がじっさいにしているのは、自分の信念を他人のそれと対比させることである。「わたしたち［世俗のリベラル］は、科学に矛盾したり理性にひどく反したりするものをいっさい信頼しない」と彼は述べる(5)。じっさいのところ、たいていのキリスト教徒はみずからの信仰が科学と矛盾するといった主張などしていない――とはいえ科学はある意味ではつねに矛盾をはらんでおり、それこそが科学の進歩として知られているものだと主張するぶんにはさしつかえないのだが。ヒッチンスは理にかなった信念と理にかなわない信念の区別がつけられないでいる。理性を踏みにじるものはいっさい信用すべきではないといった彼の信念は、理にかなった信念の一例であるが、そのいっぽうで、すべての信念は盲目であるという彼の信念は、理にかなわない信念の一例である。

ディチキンスは、わたしたちの祖先が自信をもって組み立てた主要な科学的仮説の多くが反証によって粉砕されたことや、現在もっとも重視されている科学的学説の多くが同じ運命をたどるであろうことを、熱心に指摘するわけではない。理性の蹂躙についていえば、米国のイラク侵攻を声高に支持するヒッチンスの姿勢こそ、理性の蹂躙とみる人びとはいるのだ(ドーキンスは、彼の名誉のためにいっておくが、戦争には強く反対している)。奇妙なことに、あの侵略のことになると、この饒舌なコラムニストは、マザー・テレサからテヘランのカフェ生活にいたるあらゆることについて諸説を吹聴することに長けているはずなのに突然発作的にいいよどみはじめるのだ。「わたしは二〇〇三年四月のサダム・フセイン政権崩壊にたいする自分の立場を詳述するつもりはない」(25)と彼はわたしたちに告げる。いったいなぜ詳述しないのか。とはいうものの、彼は戦争についてすこしは語り、米国の残虐行為や西洋諸国の石油にたいする渇望といった問題を外交上みてみぬふりをするのだ。

ヒッチンスはかつてみずから奉じていたマルクス主義の見解を「信仰の問題として」(151)とらえることはなかったと主張し、わたしたちを困惑させる。なぜなら当時、彼は、不正義を実験室で科学的に立証されうると信じていたのだろうかということになるからだ。マルクス主義者のなかでもとりわけ強く実証主義を標榜する者たちすらそんな考えにはたじろぐだろう（彼はもはやマルクス主義者を自認していないが、いまなお昔に「劣らずラディカルである」〔153〕と述べている。そうみずからを語る彼に賛意を表明する人は、ケイト・ウィンスレットが反キリスト者〔イエスの再臨前に出現するイエスの反対者〕だと信ずる人よりもさらに数がすくないだろう〔皆無にひとしいということ〕）。その後、ヒッチンスは「信心深い人たち」(230)について軽蔑まじりに言及するが、彼自身が言論の自由の擁護者にして、また帝国主義的侵略の擁護者でもあり、ふたつのものはどちらも明確に善であるなどということを実験室で証明するのはできない以上、「信心深い人」として軽蔑される人物には、論理的に考えれば当然、彼自身もふくまれる。ヒッチンスがややこっけいな知的混乱におちいっているのは、すべての信仰《フェイス》が盲信《ブラインド・フェイス》であると決めてかかっているふしがあるからだ。この盲信説は、自分の友人や子供を信頼することにもあてはまるのだろうか。たしかに自分の子供を盲信する人は大勢いる。しかしこの種の盲信はまちがいである。一四歳になる自分の息子が連続殺人犯であるという可能性をあらかじめ排除することはできない。原則として、親はこの可能性をいつでもうけいれる準備をしておくべきだ。そして必要ならば証拠を吟味して、それがゆるぎないものであれば、息子を信じるのをやめるべきである。自分の息子だからといって話を別にすることはできない。あらゆる連続殺人犯は人の子なのだ。

『神は偉大ならず』でヒッチンスは、ヒューマニストは宗教的信仰者とはちがうと述べていて、その理由として彼は、ヒューマニストが「不変の信念体系」(250)をもたないことをあげている。つまりヒッチンスは、人間の自由にたいするみずからの信念と、政治的暴君やイスラム自爆テロへのみずからの嫌悪感をいつでも放棄する準備ができているわけだ。もちろん、じっさいに彼がしていることは、他人の教義になると懐疑的になり、自分の教義になると真の信仰者となるということにすぎない。ちなみにドグマには、悪いところなどない。そもそもドグマとは「教えられたこと」〔教義、教理〕を意味するにすぎないからだ。自由と寛容というリベラルな原則は、ドグマだが、ドグマだからといってそれが悪いということはまったくない。開かれた柔軟な精神には、それを守りぬくどこか閉ざされたかたくななところがなければならず、寛容さには寛容さを守りぬくどこかかたくななところがなければならないというのは、リベラルな人間がかかえこむパラドクスである。リベラリズムは、みずからの基盤となる根本原則のことになると、過度にリベラルになれないところがある。だからこそ、西洋は、リベラリズムを認めない敵を正しく処遇することと、敵の睾丸を踏みつぶすことのあいだで、ゆれ動くのである。英国首相のトニー・ブレアが、古典的な自己脱構築行為のなかで語ってくれたように、「わたしたちの寛大な精神がブリテンをブリテンたらしめているものの一部である。だからそれにしたがうべきであり、それがいやなら、ここに来るな」ということになる。[04] ヒッチンスは「自分が正しいことを知っている」(282)人びとを嫌うが、ほぼどんな時でも彼自身がまさしくそうした人びとの一員であるようにおもわれる。彼からすると、みずからのリベラル・ヒューマニズム的価値観を一時的留保すると主張するような者は、純然たる裏切り者なのだ。ヒッチンスはそうした裏切り者ではないし、また彼がそうした人間である理由もない。そもそも、自分が正しいと知っている者たちを彼が嫌っているのなら、どうして、ネオコンと呼ばれる原理主義者一味と、仲良くつきあっているのだろうか。

*

これまでわたしは、理性がすみずみまでいきわたらないのはどういう仕組みからくるのかについて、部分的ではあるが考察してきた。たとえば、わたしたちは理性そのものに関与《コミットメント》する必要があるが、この関与そのものは、理性に還元できないのである。わたしたちはいつでもこう自問することができる。そもそも真理を発見することが、なぜこれほどまでに望ましいこととされているのか、と。ニーチェはあきらかに望ましいとはおもわなかった。また、ヘンリック・イプセンやジョゼフ・コンラッドも、そうした考えに疑念をいだいていた。真理へのあくなき欲求の裏にはどのような恨みや憎しみ、不安、支配欲などが潜んでいるのだろうか、とニーチェなら問うだろう。「真理を発見しかつ共有すべきだという主張は」と、ダン・ハインドは述べている――「イエスが神の子であるという主張と同様、裏づけとなる事実が存在しない」と。[*08]かりにわたしたちが理性を擁護するとしたら、そうするには理性以上のなにかに動機づけ《インスパイア》されねばならない。ジョルジュ・ソレル〔05〕やショーペンハウアーにとって、理性を尊重すべきということは自明ではなかった。

合理性そのものの性格や位置づけ自体をめぐって、非合理主義に屈服したことにはならない正当な論争が存在する――たとえば、どの程度まで、理性は、美学的、想像的、直観的、感覚的、情緒的なものを包含するのか、またいかなる意味で理性は対話的事象なのか、なにが合理的根拠とみなされるのか、理性は内在的に自由や自律性や自己決定といった諸価値を含意しているのかどうか、そして理性は、実質的か過程的か、公理的なものか競争的なものか、道具的なものか自己目的的なものかどうか。わたしたちはさらにつぎのようなことを問うてもいいだろう。理性が表象するものは、理性の全体化する能力および包括的にすべてを説明しつくす性質を考えたとき、理性が歴史的に駆逐せんとしてきた神話の焼き直しに、はたしてどの程度までなっているのか、と。そもそも理性は、わたしたちの事物にかんする知をモデルとすべきなのか、それともわたしたちの人間にかんする知をモデルとすべきなのか。合理的自我は超自我や第一次過程とどのような関係を維持するのか。さらにわたしたちはこう問うこともできる。そもそもわたしたちが適切に理性をはたらかせはじめる以前から世界は、原則として最初から理解可能なものであるという事実をどうとらえればいいのか。わたしたちは、自分でおこなっていることゆえに、このように理性をはたらかせているというのは真実なのかどうか。そして理性は、ディチキンスをふくむリベラルな合理主義者の場合のように、常識や節度にむすびつけられるべきか、ジョン・ミルトンやジャコバン派の場合のように革命とむすびつけられるべきか。またこういう問題もある。理性とは、たそがれどきだけに飛び去るものかどうか、理性は、わたしたちの動物性と対立すべきものか、あるいは、わたしたちの動物性の不可欠な一部なのか、などなど。

デニス・ターナーの引用を借りると、アクィナスにとっての「合理性〔理性的であること〕」とは、わたしたちの動物性の形式そのものであり……身体性こそが、わたしたちの知的ありようを形成する材料である」[*09]。この意味で神学は一種の物質主義《マテリアリズム》＝唯物論にもなる。わたしたち自身が物質性を有する生物であるがゆえに、わたしたちはいまあるように理性を使うのだ。つまり、わたしたちは、動物であるにもかかわらず理性的に考えるというより、動物だからこそ理性的に考えるというわけなのだ。かりに天使が話せたとしても、わたしたちには天使の話など理解しようがないだろう。だが、こうした考察が、リチャード・ドーキンスの精神の最前部に去来するとは想像しにくい。なにしろドーキンスが示す合理主義者の自己満足的姿勢は、ジョナサン・スウィフトによってさんざんこきおろされたたぐいのものなのだから。クリストファー・ヒッチンスもまたこのようなことについて熟慮したとは想像しにくい。一流のジャーナリストだが凡庸な理論家であるヒッチンスにとって、抽象概念をふりまわすよりも、ジンバブエでの政治状況がどんなものかといった問題のほうがくつろげるからである。

ロバート・ボルトの戯曲『すべての季節の男』[06]のなかでトマス・モアは、きわめてカトリック的な理性擁護を展開し、人間が神によって創造されたのは、「神の心が混乱したときに、人間の知恵をもって」神に仕えるためであると宣言している。国王への忠誠を誓う宣言文の新版が献上されたとき、モアは自分の娘たちに、その言葉遣いのひとつひとつの意味を執拗に問いつめる。それがどうしたというのですかと、娘はいらだちをみせながら応じる。というのも、彼女自身はその文書の「精神」あるいは原理が重要であると考える人間だからだ。それにたいしてモアは典型的にカトリック信者的、意味論-唯物論的な流儀にのっとって応ずる――「宣誓は言葉からできている。言葉によるものならわたしにもうけいれられるかもしれない」と。だが同じこのモアが、理性の方向をみることなく王に屈服してしまっていると娘から非難されると、こう語るのだ――「そう、結局のところ、理性が問題なのではなく、愛が問題なのだ」と。理性は最後には尽きはててしまう。だが、じっさいにそうなるには長い時間がかかる。

哲学者のフィヒテにとっては、信念《フェイス》(ただし、宗教的信仰《フェイス》ではないとしても)は、あらゆる知に先行して、その土台となるものである。ハイデガーとウィトゲンシュタインにとっての知とは、この世界にわたしたちを慣習的に縛りつけるもののなかに埋め込まれている諸前提の範囲内で作用するもので、けっして正確に形式化されたり主題化できるものではないのだ。「わたしたちのおこないが」とウィトゲンシュタインは『確実性の問題』のなかで述べている――「わたしたちの言語ゲームの根底にある」[*10]と。知ることのノウハウが、知に先行する。わたしたちのあらゆる理論化は、たとえどんなにかけはなれたもののようにみえても、わたしたちの慣習実践的生活様式に基盤を置いている。このことから、理性はあまりにも生活様式の内部に入り込みすぎているため、生活様式そのものにたいする有効な批判を提示することはできないと結論づけるポストモダニストたちもいる。彼らの見解によると、そのような批判でもちいる観点は、わたしたちの現在の生活様式から引き出すことしかできないのだが、にもかかわらず、まさにこの生活様式そのものこそ、その批判が検討せんとする対象なのだ。したがって「全体的」批判は、不可能となり、それにあわせて抜本的な政治的変革も排除されてしまう。だが状況を批判するのに、状況の外にいる必要があるとはかぎらない。いずれにせよ、内部と外部の区別は解体されうる。わたしたちのような存在の特徴とは、世界から批判的に距離を置くことができること自体、わたしたちが世界に縛りつけられている、そのありようの一部であるということなのだ。

暗黙のうちの確信、あるいは当然視されている真理が、より形式的な論理思考を支えていることは、科学という分野においてもっとも顕著にみてとれる。たとえば、科学が自明の理とするもののなかには、「自然な」説明のみをうけいれるべきという仮説もふくまれる。これは賢明な仮説かもしれない。多くのとんでもないナンセンスの数々が確実に除外されるからだ。だがじっさいには、それは仮説にすぎず、証明可能な真理の産物ではない。かりに科学者が顕微鏡のレンズ越しに、彼女を憎らしげに見上げてくる魔王ルシファーの血走った目に遭遇したとしよう、あるいはすくなくとも、厳密にコントロールされた状況で、悪魔をちらりとでもみかけるといったことがじゅうぶんに頻発したとしよう、そのとき彼女は、従来の科学の知恵に束縛されて、魔王ルシファーが存在するという仮説を廃棄するか、あるいは魔王ルシファーを自然な現象として結論づけるかの、いずれかの選択を迫られるのである。

となると、科学もまた、ほかのあらゆる知の形態と同様に、ある種の信念にのっかるほかない。すくなくとも、こうした点において、科学に懐疑的なポストモダニストたちのほうに軍配があがる――だが念頭に置くべきは、つぎのこと、すなわち人文主義者はつねに科学者にたいして偏見をいだいていて、ポストモダニズムにかんするかぎり、その立脚点をすこしずらしたにすぎないということである。かつて科学者とは、グラマースクール出身で、襟にフケをため、ランボーと聞くと映画に出てくるマッチョマンとしかおもい浮かばぬ無骨きわまりない田舎者とみられてきたのに、今日では、絶対的真理の権威ある管理人になりおおせてしまった。彼らは、客観性として知られる有害なイデオロギーの行商人と化している。この客観性概念こそ、科学者のイデオロギー的偏見を、容認可能な公正性に偽装したものにすぎない。かつて科学に対立するのは人文主義であった。いまではそれに該当するのは文化主義として知られているものだ。この文化主義なるものは、〈自然〉の抑圧や根絶に情熱を燃やすこと〔すべてが人為的なものであるとみなすこと〕自体をラディカルな姿勢ととらえるポストモダン的信条である。

さて、いましがた示したような戯画に頼らずとも、わかることはわかるのだ、すなわち科学もまた、ほかのあらゆる人間的事象同様、偏見や党派性につらぬかれていることが――また、さらにいうまでもないことながら、科学もまた、根拠のない仮説や無意識に作り出される偏見、自明視されるあまり問われることのない真理、あまりにも身近なので客観視できないような信条につらぬかれているのだ。宗教と同様に、科学もまた、文化であって、一定の手順や仮説の集合体ではない。リチャード・ドーキンスは、科学を、宗教すなわち信仰という大きな弊害からまぬがれていると宣言する。だが、チャールズ・テイラーも指摘するように、「科学者の仕事には、あらかじめ証拠にもとづかないような仮説はいっさいないといった主張は、物事に一点の疑いもさしはさもうとしない者に特有の盲信をあらわしている」[*11]。かりに聖母マリアがまさにこの瞬間、ニューヘイヴン〔イェール大学の所在地〕の上空に姿を現し、片手で幼いキリストをいだき、もう片手で紙幣を無造作にばらまいているとすれば、このとき研究室の窓から顔をちょっと出してのぞくだけでも、イェール大学の実験室で一心不乱に研究している科学者の沽券にかかわるということだろう。

したがって、この世にはいまだ科学者たちがあえてのぞきこもうとしない望遠鏡も数多く存在する。科学にも、高僧や聖牛、崇拝されている聖典、イデオロギー的排斥、そして異端者の抑圧につとめる儀式の数々がある。このかぎりにおいて、科学を宗教の対極とみるのはばかげている。フーコー的な表現でいうと、科学的「真理の名のもとで」語られる話題もあれば、たまたまそうではない話題もあるということだ。たとえばわたしは人間の行動に月が深い影響をおよぼすことをたまたま事実として知っている。なぜなら、わたしは少々頭がいかれたたぐいの人間で、外をみなくとも、いつ満月になっているかがわかるからだ（ただしわたしは遠吠えをするとか、顔から毛が生え始めるといった現象からは一線を画しているつもりである）。しかしながら、企業からの助成金をなにより重視する科学者が、このように証拠がじゅうぶんにそろっている現象を必死になって研究するとはとても考えられない。まるで文学批評家が『ガアガアガチョウさん』〔マザー・グースの歌〕の研究書を三巻本として出すようなものだからだ。

ドーキンスの『神は妄想である』は、科学が引き起こした失敗や破局にたいしては、驚くほどかたく口を閉ざしている（たとえば、異端審問は非難するが、ヒロシマは非難しない）。だが、わたしたちのほとんどはつぎのことを承知している。すなわち、演劇の上演から経済にいたるまでのおよそあらゆる興味深い人間のいとなみと同様、科学も、その広報担当者たちが、わたしたちに信じ込ませようとするよりずっと運まかせで不安定かつ変則的で一発屋的であること。それに科学の実践者のうちの多くが、すでに実験ずみで信用も得ているような仮説を維持するために、驚くほど長い時間をかけていること、を。それとは逆に、『神は妄想である』は、著者が絶大な信頼を置いている事業の誤謬については、わずか一、二度だけあいまいに触れているにすぎない。人類にたいして科学が引きおこしてきた災厄については、予想通りだんまりを決めこんでいるのだ。信仰のあやまりである異端審問を、科学のあやまりである化学戦争ととりかえて考えてみればいい。だが、黙示録的結末――もしそれが起きるとすればの話だが――は、全能の神のわざであるよりも、科学技術がもたらすものである確率のほうがはるかに高いはずだ。宇宙的凶事の前触れ、上空を赤く染める炎のしるし、目前に迫った地球崩壊といったものは黙示録の伝統で脈々と受け継がれてきたものだが、そうした凶事を、怒れる神の力なしに生み出すことができるかもしれないなどということは想像だにされなかった。ディチキンスのような人類のチアリーダーにとって、これは確実に誇るべきことだろう。いったいだれが地球を焼きつくすのに怒れる神などを必要としようか。人類として成熟し、自足した存在のわたしたちが、その任務を完璧に自力でこなせるのだから。

このように科学にたいして留保を置くからといって、物事を正す／正しく理解する〔get it right〕という表現で知られる、あの愛情深く情熱的で、私利私欲とは無縁の、辛抱強く奉仕する意義深い倫理的行為の信用を失墜させるものではない。政治生活においては、その行為は生死を分けるような苦役である。だからこそ、抑圧された人びとのあいだには、懐疑主義者があまり多くみられないのだ。しかも、この主張と、あらゆる政治は究極的には信仰を基盤としているという議論とは、完璧に両立する。物事を正そうとすることは、宗教的歴史をもつプロジェクトでもある。チャールズ・テイラーは、客観的で公正な近代主体が、前近代の宗教的禁欲主義の、その超然とした〈厭世的〉孤高の姿勢に起源をもつことを指摘している。[*12]奇妙なことだが、世界を知ることが――すくなくともテイラーによる知の理論では――そのまま世界を拒否することになる。たとえそうだとしても、みずからを解放し安寧を得るために、さまざまな物事が自分たちとどのような関係にあるかを知る必要があると感じる人たちもいる――端的にいえば、彼らにとって、客観性という語のなんらかの意味が、切実な関心を呼び寄せるのだ。いっぽうで、かなり特権的な立場にある人びとも存在し、そのなかにはポストモダニストとして知られる人びともいるのだが、彼らは、そうした必要を感じないため、自由気ままに、客観性を幻想と片づけてしまえるのである。

そのため科学もまた信仰にまつわるものなのだ――さらに信仰は、科学が神学と共有しているもののすべてではない。ちょうど教会がみずからの歴史的使命をおおむね裏切ってきたように、科学もまた、多くの場合には、その歴史的使命を裏切ってきたといえるかもしれないのだ。わたしは、二〇年間オックスフォード大学のウォダム・コレッジで特別研究員《フェロー》をつとめていたが、一七世紀末にはこのコレッジは栄えあるロンドン王立協会の本拠地だった。王立協会の有名人だったジョン・ウィルキンスは学寮長で、オリヴァー・クロムウェルの義弟だった。たいていのオックスフォードのコレッジとちがって、このコレッジは内戦〔かつて清教徒革命と呼ばれていた時期のこと〕において議会派の側についており、そのために迫害を受けることになった。同じくウォダム・コレッジのフェローだったフレデリック・ハリソンを中心とする一九世紀の英国実証主義者による労働組合支援から、二〇世紀に学寮長となったモーリス・バウラ（彼ははっきりと科学を軽蔑していた）によるブルームズベリー的な不服従主義の採用にいたるまで、ウォダム・コレッジの一匹オオカミ的な政治姿勢は代々受け継がれてきている。[07] わたしはこのリストに喜んで〈ラディカルな英国学派〉のレッテルを貼っておきたい。ウォダム・コレッジのこうした反体制的な政治姿勢は、司教や君主への忠誠心よりも思想と探究の自由を尊重するラディカルな科学の系統に根ざしている。科学にたいして懐疑的傾向を示すポストモダニストたちが無視しているのは、こうした進歩史なのだ。それはちょうど、科学が特定の社会史に属するという事実を抽象的合理主義者があまりにもたやすく忘れてしまうことにも似ている。宗教同様、科学もまた、その多くの部分が多国籍企業や軍産複合体の道具になりさがっており、結果としてその革命的な起源を裏切ってきた。だからといってわたしたちは、科学がたどってきた解放の歴史を忘れてはならない。リベラリズムや社会主義さらには宗教と同様に、科学もまたみずからの最良の伝統によって審判にさらされるのだ。

いま宗教を嫌う人びとのなかには、確信《コンヴィクション》そのものが疑わしいことを理由にする者も存在する。ただし、そうした姿勢は、かつてヴォルテールが確信を不快と感じたこととはやや異なるものである。多元的な時代には、確信と寛容は相容れないものと考えられている。だが、ほんとうのところ、確信なるものは、人が寛容にあつかうべきものとされているものの一部にもなっており、そのためいっぽうを排除すれば、もういっぽうも排除することになってしまうのだ。ポストモダニズムは確実性という概念にたいしてアレルギー反応を示し、このかなり控えめでごく日常的な概念にたいし理論的に大騒ぎをしてみせる。この点でポストモダニズムは原理主義の裏面である。なにしろ原理主義も確実性をおおげさにとりあげがちだ。ただし、それに賛同するというとりあげかたなのだが。ポストモダニズム思想のなかには、あらゆる確実性を権威主義的とみなすものがある。それは、みずからの主張に情熱的に参与する人びとにたいしては神経をとがらせる。その意味でポストモダニズムは、とりわけファシズムとスターリニズムにたいしては過剰な拒否反応を示す。二〇世紀の全体主義政治は、同時代の真理を攻撃したばかりではなく、未来の世代にとって真理の概念となるものを解体するのに一役買っているのである。それゆえ、有害な信条をいだくことと、強い信念をもつこととを区別する境界線が、危険なまでにぼかされてしまったのだ。確信そのものが教条主義だと非難されるのである。

たしかに確実性には破壊的なものがある。しかし同時に解放にみちびく面もある。この点を、ジャック・デリダは、決定論にたいしてほとんど病的なまでの嫌悪感を示していたため最後まで理解しなかったようにおもわれる。自分の賃金がカットされたことについて確信をもつことに、抑圧的なものはなにもない。リベラルは、彼らなりに、ほかの人びとの確信にたいして寛容でなければならないという確信をいだいている。総じてリベラルは、ほかの人びとの確信の内容よりも、ほかの人びとが確信をもっているという事実そのものに関心がある。時として彼らは、自分たちの確信よりもほかの人びとの確信を熱狂的に支援することすらある。よって、わたしたちの時代はいま、あまりにも信じすぎる人びとと、あまりにも信じない人びと——あるいは、ミラン・クンデラがいうように、天使的なものと悪魔的なもの——に二分されている。[*13]

どちらの側も、たがいにささえあって生き延びている。さらに現代は、価値を事実に従属させる技術官僚主義的《テクノクラティック》な理性と、事実を価値に置き換える原理主義的な理性に二分されてもいる。

そもそも信仰は——どのような種類であれ——選択の問題ではない。なにかを信じるにあたって人は意識してそう決めるのではなく、知らないあいだに信じているというのが一般的だろう。あるいは、かりに意識して決めるにしても、すでにその方向にかたむいていたからともいえる。ことわるまでもなく、これは決定論の問題ではない。むしろそこから目を背けて退くことのできないような、関与をめぐる問題なのだ。また、これは本来、意志の問題というわけでもない。すくなくとも近代において大いに物神化された能力としての意志の問題ではない。そんなふうに意志を礼賛するのはアメリカという国が特徴とするものだ。天井知らず、決して不可能なんていうな《ネヴァ・セイ・ネヴァ》、その気になればなんでもできる、望むものなんにでもなれる。これがアメリカン・ドリームと呼ばれる妄想なのだ。一部のアメリカ人にとってCワードは「キャント《できない》」(can't)である〔もともとC-wordは女性性器を意味する婉曲表現で、口にしてはいけないタブー語「カント」を意味する〕。アメリカでは消極性は思想犯罪とみなされることがよくある。社会主義リアリズムの到来以後の世界で、これほど病的な楽天主義を人びとが目撃することはなかった。人間の無限の可能性にたいするこうしたファウスト的信念は、希望という美徳とけっして混同されるべきではない。だがこうした信念があるかぎり、信念は、いわゆる意志による行動と呼ばれるものにあやまったかたちでむすびつけられつづけるのだろう。つまり、わたしたちがあたかもみずからの意志によって確信にたどりついたかのように誤解されるのだ。

信仰が最終的には選択の問題ではないことを示すキリスト教的概念といえば、恩寵の概念があげられるだろう。キリスト教的観点からすれば、世界それ自体はもちろんのこと、信仰もまた贈り物なのである。ここからいえることのひとつは、キリスト教徒が神を信じる理由をすべて意識化しているわけではないということだ。ちょうどそれは、健康であること、個人の至高の価値、誠実であることの重要性をみんなが信じているが、誰もその理由すべてについて意識的に把握していないのと同じである。そう把握していなくてはいけないとおもっているのはウルトラ合理主義者くらいのものだ。信仰は完全に意識的なものではないので、熟慮の末にそれを捨てるといったことは通常ありえない。そんなふうに捨てられるのなら、ほかにもじつに多くのことを、それに付随して変更しなくてはならないので、手に負えなくなるだろう。それまでずっと長い人生において保守的だった人間が、ふとおもい立って、革命家になるということはまずありえない。こう述べたからといって、ドーキンスが誤解しているように、信仰が証拠を閉め出しているというわけではない。また、みずからの信条について心変わりをする可能性がないなどと述べているのでもない。わたしたちは、前菜を選ぶように、信条を選ぶわけではないのだ。だからといって、スタンリー・フィッシュのようなネオプラグマティストが想像したがるように、わたしたちは信条の非力な囚人というわけでもない。自発的な行動主義を否定すれば、すぐに決定論だけがその後釜にすわるということはないのだ。ただ、真に奥深く根づいているような信条を変更するには、たんなる心変わりといったものより多くの事柄がかかわってくるといいたいのである。合理主義者はねばり強い信仰（もちろん他人の信仰）を非合理的な頑迷さととりちがえる傾向にある。それが理性を包含するとともに、理性を超えるような人間の内面の深さを示すものだとは考えもしない。わたしたちのある種の関与は、いまのわたしたちを構成するものであるため、わたしたちが、そうした関与を変更しようとおもうなら、伝統的にキリスト教が回心と呼ぶような過程を経なければならないのであって、それは、ある意見を別の意見に取り換えるだけでは済まないような大事なのである。まさにそれゆえに、他人の信仰がまったくの非合理にみえることがある——そしてじっさいに非合理な場合もたしかに存在するのである。

第四章

文化と野蛮

Culture and Barbarism

およそ似つかわしくない人たち（わたし自身もそのひとり）が、なぜ、突如として神について語るようになったのか？　技術専門主義の二一世紀において、神学がふたたび息を吹きかえすことなど、誰が想像しえただろうか。それはこの時代にゾロアスター教やネオプラトニズムが大々的に復活をとげるのと同じぐらい驚くべきことなのだ。なぜわたしの地元の書店が「無神論」コーナーを突如設置したのか、またなぜ「先天的懐疑主義、軽度のバプティスト派[01]系学識付き」コーナーまで、いまや設置しかねない勢いなのか。わたしたちがポスト神学時代、ポスト形而上学時代、さらにポスト歴史時代へと自信をもって移行しつつあるこの時代に、神の問題が、なぜ突如として新たに吹き出したのか。それをツインタワービルの倒壊や狂信的イスラム教徒のせいにして済ますことができるのだろうか。

　できないと、わたしは心底おもう。すくなくとも、この問題の大部分はそうしたことが原因ではない。宗教にたいするディチキンスの侮蔑的姿勢は、世界貿易センタービルの廃墟に芽吹いたものではないことだけはたしかだ。なるほど、論争のいくつかは、そこを契機としている

――なんとも不穏な事実ではないか、なにしろ知的論争が、悲しみや憤り、ヒステリーや屈辱感、復讐への衝動、それと並行して根深い人種差別的恐怖や幻想といったものから発生する場合、ろくなことにならないのだから。けれども九・一一は、じっさいのところ宗教をめぐっておきたものではない。それは三〇年にわたる北アイルランド紛争が、教皇の無謬性をめぐるものではないのと同じである（ドーキンスは『神は妄想である』において、北アイルランド紛争がキリスト教の宗派争いであるというあやまった見解を示し、それを支持しているが、これは彼がいかに宗教に強迫的にとりつかれているかをよく物語っている）。ラディカルなイスラム集団は一般に、みずからの宗教信仰について、ほとんどなにも知らないのであって、これまでみてきたように、彼らの行動の大部分が、宗教ではなく政治的なものに突き動かされていることを示唆する証拠には事欠かないのだ。

こうした、わかりやすい宗教原因説を疑ってよい理由はほかにもある。ひとつにはイスラム原理主義は、西洋文明と対決するとき、血と火を武器にするだけでなく、西洋に内在する矛盾をも利用していることがあげられる。西洋は、信ずることの必要性を痛感しながらも、信ずることができないという慢性的な不能状態にさいなまれている。いま西洋が顔をつきあわせているのは、血気盛んな「形而上学的」敵であり、この敵にとって絶対的真理とか基盤などが問題になることはないのだ（問題であってくれたらよいのだが！）――おまけに、後期近代（お好みならポスト近代）という苦難の時代における西洋文明としては、信仰をなに食わぬ顔をしてやりすごしておかないといけないときに、こういう事態になってしまったのだ。西洋は、ポスト・ニーチェ的な精神を発揮して、みずからがこれまで依拠してきた形而上学的基盤を切り崩すのに余念がないようにおもわれる。それも、みずからの実践的物質主義、政治的プラグマティズム、道徳的・文化的相対主義、そして哲学的懐疑主義から成る罰当たりな寄せ集めを動員することによって。こうした寄せ集めすべてが、いわば、豊かさにたいしてあなたが支払う代償なのである。

とはいえ、これは、西洋が大きな物語を葬り去ろうとしたその矢先に、新たな物語――すなわちイスラム・テロの物語――が出現し、事態を混迷へとみちびいたというわけではない。そのような記述では、この二つの出来事のつながりがみえてこない。それはまた状況をじっさいにそうである以上に皮肉なものにみせてしまう。さかんに吹聴されている〈歴史の死〉――いまや残された選択肢は資本主義だけになったとする考え方――は、地球規模の支配をめざす西洋の傲慢さを反映するものであり、そうした攻撃的な企図が、ラディカルなイスラムの出現というかたちの反発の引き金となり、その結果、歴史は終わったのだというテーゼそのものに反証がつきつけられてしまった。この意味で、歴史に終止符を打つという行為そのものが、歴史のはじまりをみちびくことになった。この現象はいまにはじまったことではない。ソ連ブロックの崩壊とともに、グローバルな利益を臆することなく追求できると確信した西洋は、限界を超えてしまい、気がつくと新たな敵に向きあうことになり、その結果、大きな物語の終焉というポストモダン的テーゼそのものも信用をなくしてしまった。イデオロギー一般が消え去らんとしていたまさにそのとき、グローバルな覇権支配にかげりがみえはじめてきたアメリカが、イデオロギーを呼びもどして行動日程表に書き加え、新保守主義の、とりわけ毒々しい銘柄を誕生させる。狂信的な教条主義者の一団が、まるでB級サイエンス・フィクションに登場する世界支配をたくらむ悪人さながらに、ホワイトハウスを乗っ取り、さらに世界主権確立のための周到な計画を実行に移しはじめたのだ。これはサイエントロジー信者たちが英国首相官邸を乗っ取ることのように、あるいは『ダ・ヴィンチ・コード』の愛好者たちがエリゼ宮の廊下を徘徊する光景のように、なんとも異様なものである。

高度資本主義はもともとどっちつかずなのだ。そのため高度資本主義はなんとも軟弱でとらえどころのないものにみえてしまうことがある。とりわけ外的にも内的にも過剰な信仰心で凝り固まっているような土着的原理主義と遭遇したときなど、そういえる。近代の市場社会は、世俗的で相対的でプラグマティックで物質主義的になりがちである。こうした傾向において重要なのは、なにをおこなうかであって、なにを信じるかではない。この姿勢にかぎっていえば、そこには選択の可能性があまりない。問題は、この文化的風土がさらに、形而上的価値、それも政治的権威が部分的に依拠してもいる形而上的価値を、むしばむ傾向にあるということだ。資本主義は形而上的価値を容易に放棄できないが、かといってそれをどこまでも真摯にうけとめることもできない。これにかんして、かつてアイゼンハワーがグルーチョ・マルクス風に述べたつぎの言葉がおもいおこされる――「わが政府は、心に深く刻みこまれた宗教的信条を基盤としなければ無意味なものとなる――ただし、その信条の中身については、どうでもよろしい」[*01]。ここでいわれている宗教的信仰とは、枢要だが空虚なものである。アメリカの政治綱領では神を儀礼的に喚起するのがつねだが、世界銀行の委員会室に神を召喚することはしない。そんなことをするのは、壁紙を選ぶのに、プラトンの〈イデア〉や〈世界精神〉に頼るようなものだからだ。宗教右翼のイデオローグたちは、西洋の市場が形而上学を追放しつつあることを、彼らならではの方法で察知し、ふたたび形而上学を復活させるべく腐心した。これもまた、ポストモダン的相対主義が偏狭な原理主義をはぐくむといえる数ある理由のひとつである。信仰をほとんどもたない人たちが、ほとんどなんでも信じてしまうような人たちとつながりをもつという状況になる。このような矛盾は、イスラム・テロの出現によって、さらにドラマチックに浮き彫りになった。西洋的な生活様式が信じることの意義を奪ってしまう現在だからこそ、人びとは信じることを、たんなる必要性を超えて求めるようになる。

経済的リベラリズムが個人ないしは共同体を踏みにじると、それが引き金となって、社会的・文化的リベラリズムには手に負えない種類の暴力的なゆりもどしが来る。この意味でもまた、テロリズムはリベラル資本主義特有の矛盾を際立たせている。すでにみたとおり、リベラル多元主義では、なにを信じるかという問題への関心がどうしても薄れてしまう。というのも、リベラルな社会は、信念が種々雑多あるというよりも、自由に信念をいだくのを許されるべきだということを信念としてもっているからである。このような文化は、人びとがじっさいに信じていることにたいして創造的無関心ともいえる態度を示す。人びとがいだく信念が、自由と寛容という原理そのものをそこなわないかぎりにおいてだが。リベラルな社会が唱える最高善とは、信仰者を、干渉せずほうっておくということである——たとえば、あなたが路上に倒れて血を流していても、イギリス人なら、おかまいなしに通りすぎるだろう。その理由は、イギリス人が冷酷だからではなく、あなたのプライバシーに干渉するのをひどくいやがるからである。

　こうした文化では、信仰にたいして、純粋に形式的ないしは手つづき重視のアプローチが奨励される。つまり、凝り固まった信仰やアイデンティティにたいしてアイロニックに距離を置くのである。この意味でリベラルな社会は、結論の出ないままはてしなくつづく論争みたいなもので、そこから価値《ヴァリュー》を引き出すことも可能だが、そこからもろさ《ヴァルネラビリティ》も生まれる。外からの攻撃にたいしては強固な意思統一が必要なのに、リベラル民主主義は、とりわけ多文化的になるときは、ほかのどんな体制にもまして、意思統一がむずかしい。かくしてリベラルな社会が信条にたいして取るどっちつかずの姿勢は、とりわけ血気盛んな形而上学的な敵と対決する政治危機においては障害となる。多元主義は、精神的強靭さの指標として尊重されるが、それはまた政治的権威を弱体化させることもありうる。とりわけ多元主義を知的怯懦のあらわれだとおもう狂信者たちと向きあう場合には。一部のアメリカ人が喧伝している考え方、すなわちイスラム過激派は西洋の自由をねたんでいるという考え方は、イスラム過激派がカフェに座って、麻薬を吸い、ジル・ドゥルーズを読むということにひそかにあこがれているというようなもので説得力はまったくない。

経済的リベラリズムによって荒廃した社会では、窮地におちいった人びとは、排他的アイデンティティや頑迷な教義にしがみつくことでしか安心感を得られない。彼らの信仰が極端なかたちをとるとすれば、それは高度資本主義には、そうした信仰にとってかわるべき選択肢がないからである。まさにこうだといえるのは、ほかでもない高度資本主義が、市民の承認を確保するにあたって、個人が信じているものから生まれたものよりも、人びとの内面に埋め込まれ自動化した合意をたのみにするからだ。高度資本主義は、資本主義的主体から、過剰な精神的関与を引き出すような体制ではない。熱意は奨励されるより、おそれられる。一般の人びとが、寝床から起きて、しぶしぶ出勤し、消費し、税金を払っているかぎり、そして警察官をぶん殴ったりしないかぎり、彼らが多くの時間、頭のなかでなにを考え、心のなかでなにを感じていようが、体制にとっては完全に二の次なのだ。資本主義システムの権威は、おおむね慣習実践的かつ物質的方法によって保証されるのであって、イデオロギー的信仰によって保証されるのではない。信念は救世軍を動かせても、このシステムを動かすことはできない。このことも、「平常」時なら有利にはたらくだろう。男女から信仰を多く求めても、すぐに反感を呼ぶだろう。ただし、このシステムのありがたみは、政治的動揺の時期には、ぐっと減ってしまう。

文学批評家のキャサリン・ギャラガーの示唆によれば、小説を読むことは、信条にとらわれない態度をはぐくむのにぴったりの想像力の訓練であるという。[*02] 虚構と知りつつ小説を読むことは、彼女の議論では、一定の「アイロニカルな信じやすさ」を実践することと関係する、つまり、信じると同時に信じないのである。この点で興味深いのが（ギャラガー自身は触れていないが）、イギリスでもっとも偉大な小説家のひとりサミュエル・リチャードソンが、自作『クラリッサ』を現実の記録物語として読まれるのを望まなかったが、かといって序文でその虚構性を宣言することも望まなかったという事実である。〔02〕もし小説が、現実の事件の記録であるとうけとめられると、規範を語る小説という地位が無効になりかねず、それとともに道徳的な力も弱まってしまいかねない。もし虚構としてうけとめられたら、その道徳的な力は致命的にそこなわれてしまうおそれがある。かくしてあらゆるリアリズム小説は、内容の特殊性を傷つけることなく内容を一般化するという、バランス運動にかかわることになる。いずれにせよギャラガーが読者にすすめていることは、小説のヒーローやヒロインの無邪気な信じやすさにたいして世慣れた懐疑主義でのぞみ優越感にひたることである。この場合、物語はある種の投機的冒険となり、投機者としての読者は速断を慎重に避け、選択肢をつねに残し、ほかの可能性にも注意を怠らないようつとめる。登場人物たちは本物ではないとわかっているので、読者は、彼らのあいだを気ままに渡り歩いて、そのもっともらしさや、それを生み出した技巧を称賛することができる。「そうした柔軟な精神状態が」とギャラガーは書く――「近代的主体では必須条件となる」[*03] と。アイロニックな姿勢のまま共感も同一化も拒むことで、小説はイデオロギーの代替物となる。いやすくなくとも、ある種のイデオロギーの代替物と主張してもいいだろう——というのも、すべてのイデオロギーが、アイロニーや自己省察を得意とするわけではないからだ。自分が、とんでもない女性差別主義者であると告白することを小説なら完璧にやってのけられる。

多文化主義は、すくなくともきわめて低次元の段階では、差異を差異として認めるだけの大ざっぱなものであり、どのような差異があるのかということにはこだわらない。同一の主題に一連の異なる見解をもつことは本質的に肯定できるなにかがあると多文化主義は考えがちなのだ。それでは多文化主義は、じっさいにホロコーストが起きたのかという問題にたいしても、やはり多数の見解があったほうがよいと考えるのかどうか、答えが知りたいところである。それゆえ安易な多元主義は、他人の信条を精力的に批判するという習慣を萎えさせてしまう——たとえばこの習慣には相手のことを「札付きのいかさま」とか「許しがたいクズ」とののしることもふくむのであり、もちろん、そのような批判をおこなう権利は守られるべきである。多文化主義は、たしかに、その信条が頭蓋骨の奥深くまで入り込んでいる人びとと戦うための、よい訓練場ではない。クリストファー・ヒッチンスの反宗教論争で好ましい側面のひとつは、彼が自分にとって宗教は有毒で不快なものであることを高らかに宣言したことである。ヒッチンスが新たに身につけたポスト・マルクス主義的人格からすると、「宗教は毒である」[03]というスローガンを毛沢東がチベットの住民たちとその文化を攻撃するさいに掲げたことを知れば、やや当惑するかもしれない。それでもなおヒッチンスが自分の立場を固執しているのは正しい姿勢である。信条は信条というだけで敬意の対象とすべきではない。神経をさかなでするどのような批判でも「暴言 abuse」とみなすような社会は、あきらかに問題がある。「暴言 abuse」とはアメリカにおける最新の流行語のひとつだが、それによると、だれかと熱く議論を戦わせることや、相手が聞きたがらない不快な政治的事実について話すことも、暴言に属するようだ。

信仰の飽和状態、これこそ、寛容で非独断的な後期資本主義文明が、広めようと一役かっているものだ。これは、後期資本主義文明が原理主義の土壌づくりに貢献したからというだけではない。理性があまりにも支配的で、計算高く、かつ道具的になると、最終的にそれは薄っぺらなものとなって、それ以後、理にかなった信仰をはぐくむ土壌となりえないからでもある。結果として信仰は、神学者が信仰主義と呼ぶたぐいの非合理主義におちいり、理性に完全に背を向けることになる。そこまでくれば狂信主義はもう目前だ。合理主義は信仰主義と表裏一体の関係にある。二次元的な理性の裏面にあるのは、信仰を基盤とする現実そのものである。「理性が退いたところに」とジョン・ミルバンクは書いている――「信仰がなだれこみ、しばしば暴力的結果がもたらされるようにおもわれる」[*04]と。理性は価値と折り合いをつけられないでいるが、そのいっぽうで信仰は事実とうまくつきあえないでいる。新保守主義は信仰主義の一種であり、イデオロギー的熱意に突き動かされ、現実などという瑣末なものにわずらわされることがない。原理主義は、浅薄な技術的合理性が支配的になることによって狂信へと追いつめられた人びとの信仰形態のひとつである。技術的合理性はきわめて重要な宗教的問題をシニカルにわきへと追いやってしまうので、そういった問題は偏狭な人びとによって独占されるがままなのである。

これとは逆に、理性が理性として真正であるためには、理性以外のなにものかに根拠を置かざるをえなくなることについては、すでに主張したとおりである。もし理性が誠実な愛や平和な共同体に依拠するのではなく、物質的利益や政治支配に大きく頼るようになれば、信仰とは相容れない関係におちいることになり、結果として信仰と理性は、信仰主義と合理主義という、みずからの無味乾燥な戯画と化す。ただ別の意味でも信仰心の欠乏が、それへの反発から信仰の過剰につながらないともかぎらない。すなわち、もし西洋が、平和、正義、友愛といったキリストの教義を信ずるようになれば、アラブの子供たちを焼き殺すようなことにこんなにも時間を費やすこともないだろうし、アラーの名のもとに航空機を原子炉に突入させる人びとにたいし危惧の念をいだくこともなくなるだろう。自分たちの宗教的信仰についていくばくかを知っているムスリムにしても、そんなことは考えないだろう。キリスト教であれイスラム教であれ、こうした教義が真に広まれば、世界は疑いなくはるかによくなるだろう。正義がパレスチナ-イスラエル間の紛争におとずれ、人類は自然の征服者というより世話人となる。平和が戦争にとってかわり、寛容の精神が貧しい国々にのしかかる巨額の負債を免除することになるだろう。そして相互責任は利己的な個人主義を放逐するだろう。信仰心をもつ人びとがみずからの信じる価値を真剣にうけとめさえすれば、こうしたことすべてが実現する。ただし、その実現の見込みはかぎりなく薄いようにおもわれる。

経済的リベラリズムが引き起こした地球規模の移住という巨大な波は、西洋では、いわゆる多文化主義を誕生させた。ここにもまた矛盾が存在する。というのも、資本主義が地球規模で広まると、そのぶん国民国家がその構成員にたいしておよぼす支配力が弱まるおそれがあるからだ。文化は権力の温床であり、権力をわたしたちの生きた経験に織り込むことで、わたしたちにたいする権力の強固な締め付けに加担する。またこうしたことをないがしろにするような権威筋は、市民からすればあまりにも抽象的でお高くとまっているため、市民の無条件の忠誠心を確保することができない。権力が忠誠心を得るには、みずからを文化へと翻訳・変換せねばならない。けれども、権力がみずからを、さまざまな文化に根づかせねばならないとき、この権力は、あきらかに不利な立場に置かれる。英国の安全保障と防衛部門の中核にあるシンクタンクの最近の報告書によると、「多文化主義へ的外《まとはず》れな敬意をいだくことが」「移民の共同体とのあいだに一線を引くこと」をむずかしくし、政治的な過激勢力との戦いを弱体化させている。問題は、報告書によれば、おおむね社会の分断化にあり、歴史、アイデンティティ、目的、価値などの点で、多文化国家は細分化を深めたという。要は、国家のリベラルな価値観が、テロリズムから守ろうとしているみずからのリベラルな諸価値そのものを、逆に弱めてしまうというわけだ。

いま英国でとりざたされている、新しくやって来た移民に、いわゆる英国的価値なるものを教えるべきだとする議論をとりあげてみよう。この計画には乗り越え不可能な問題があることは、そもそも英国的価値など存在しないことからも歴然としている。いや英国的価値にかぎらず、もちろんセルビア的価値、ペルー的価値なども存在しない。正義と人間性、公平性と共感力という価値を独占できる国などあるはずもない。なるほど特定の文化が特定の価値を重んじるといったことは考えられる（たとえば、アラブ人のもてなしの精神、イギリス人の感情抑制能力など）。けれども、もてなしの精神が本来アラブ的であるというわけではないし、癇癪《かんしゃく》を抑えようとすることが本来イギリス的であるというわけでもない。同様に、寛容の精神や共感する力は、嗜虐趣味や性的嫉妬と同じく、地球上いたるところにある。北朝鮮やサウジアラビアは個人の自由という道徳的価値をないがしろにしているが、いっぽうイギリスやアメリカは、他者をもてなし、貧しい人びとを介護するという道徳的教えをふみにじっている。しかし、これは、こうした価値の普遍的性格を否定する議論ではないので、念のため。

美徳や悪徳が、エスニックな出自によって決まるという考え方を否定したのは、ラディカルな啓蒙思想の大きなお手柄のひとつである。ボスニア生まれではなくボストン生まれだから、道徳的に健全であるということはない。たしかに手厚い世話をうけられる環境で育てられた者のほうが、紛争、貧困、宗派間の憎悪によって引き裂かれている社会で育つ者よりも、ある種の美徳をもちやすいとはいえる。だが、たやすく得られる美徳はそれだけ低い価値しかもたない。めぐまれない環境にありながら、勇気、寛大、赦しの精神をもちえた人びとは、よりいっそうの称賛にあたいするのだ。また彼らのほうが、真に輝かしい美徳を発揮する機会がもてるかもしれない。そうした美徳発揮のチャンスは、ハットフィールド〔英国の地方都市〕やハンプトンズ一帯〔ニューヨーク郊外の保養地の総称〕に暮らす人びとからは望めないかもしれないのだから。

文化的差異の名のもとに普遍的価値の存在を否定するポストモダニストたちは、トラファルガー広場で熱弁をふるう者たちや聖ジョージのファン〔イングランド至上主義者〕たちと、はからずも共謀関係にあることを発見するかもしれない。イギリスに移住したごく普通のムスリムの歯科医は、イギリス生まれの配管工と基本的には同じ道徳的価値観をもっている。両者ともに、たとえば嘘やごまかしがもっとも健全なやり方だとか、子供は定期的にぐうの音もでないほどたたきのめすのがいちばん効果的だなどと主張することはまずないだろう。もちろんこのふたりの習慣や信条はくいちがうこともあるだろう。しかしそれでも注目すべきなのは、望ましい生き方について意見の一致をみる基本的分野が驚くほど広いということなのだ。宗教的道徳心という角度からみれば、アラーとエホバとのあいだには、シガレットペーパ一枚を差し込むことも困難なくらいのずれしかない。実のところ、それがディチキンスにとってひどくいまいましいことのひとつなのだ。

ここまでくれば、多様な諸文化の存在が権力に問題をつきつけるのはなぜかということが容易に理解できる。多文化主義が既存の秩序にとって脅威となるのは、それがたんにテロリストの温床になりうるからというだけではなく、政治国家が物質的な分断政策を国民にうけいれさせるときに頼みの綱とするのが、適度にまとまりのある文化的合意であるからだ。文化といえば『マンスフィールド・パーク』や『魔笛』だとおもうような人びとの一部が、言語や衣服や宗教的慣習としての文化について活発に議論するようにでもなれば、政治危機は確実に迫ってきているといってさしつかえないだろう。

イギリスの首相たちは共通文化の存在を信じている。その点では、レイモンド・ウィリアムズやE・P・トンプソンのような新左翼《ニューレフト》の思想家たちも同じである〔英国における新左翼は、一九五六年のハンガリー動乱を機にソ連型社会主義から脱却すべく誕生したもの〕。問題は、首相たちが共通文化というとき、なにを意図しているかである。彼らによれば、誰もが彼らと同じ信念をいだかねばならず、そうすればロンドンの地下鉄の駅を爆破しようとする不埒な輩などいなくなるというのだ。だがじっさいには文化的信条を相当数の新参者に伝える場合、その信条は途中で例外なく変更を余儀なくされる。「統合」の哲学を説くような単純思考の持ち主たちがおもいいたらないのもこの点である。つまり大統領官邸やダウニング街あるいはエリゼ宮の住人たちには、みずからの信条が他人に伝わる過程で疑問に付されたり、変更を余儀なくされたりするといったことにおもいいたらないのだ。彼らがよりどころとする共通文化とは、いっぽうでよそ者たちを、いかなる誤謬の可能性も想定されていないような、すでに確立された価値の枠組みのなかに組み込み、そのいっぽうで彼らの風変わりな習慣にかんしては、それが、このあらかじめしつらえられた調和的秩序を乱すことがなければ、自由にやらせておくといったものである。そうしたやりかたは、新参者たちを取り込んだかとおもうと、好き勝手にさせておく。つまり、あまりにも独占的であると同時にあまりにも放任的なのだ。言葉のより根源的意味における共通文化とは、誰もが同じことを信じている文化ではなく、誰もが対等な立場で、協力しあいながら、共通の生活様式を決定する文化なのである。

周縁的な伝統を背景とする者たちを共通文化にふくむことができるようになれば、そこから生じる文化は、いま現在わたしたちが所有している文化とはきわめて異なるものになるだろう。まず、その文化は多様なものになる。またその文化は、構成員の積極的な参加によって生まれるので、もとからあるものをいっさい崩さずに新しい人びとの加入を認めるような画一的文化ではなく、より混成的で不均質なものとなるだろう。その意味で平等が差異を生む。それはイギリス性という名の共通の傘のもとに多様な文化を参集させることではなく、むしろ既存のアイデンティティの総体を、坩堝《るつぼ》のなかにほうりこみ、そこからなにが出てくるかを見届けることなのだ。イギリスないしはアメリカの生活様式のなかに、ムスリムをうけいれるということは、たんに彼らを既成のイギリスあるいはアメリカ文化に登録させるのではなく、信心深い彼らが英米の物質主義や快楽主義それに個人主義に向けて発する批判も、しっかりうけとめるということである。それが実現できれば、西洋文明はかならずよりよいものに変わるだろう。これは同じ多文化主義でも、これまでのようにムスリムやその他の民族集団に勝手になにやら謎めいたことをやらせておき、遠くから安全な距離を置いてその魅力を称賛したりするようなものとはかなり異なる多文化主義なのである。

＊

わたしたちの時代に起きていることのひとつは、神が文明の側から野蛮《バーバリズム》の側へと位置を換えたことである。もはや神はすっきりした髪型《ショートカット》で紺のブレザーを着た西洋の神などではない——かりにそうしたイメージが残っているとしても、このイメージが流通しているのはアメリカぐらいのもので、オポルト〔ポルトガルの港湾都市、ポルトガル名はポルト〕、カーディフ〔ウェールズ南東部の海港でウェールズの首都〕、ボローニャ〔イタリアの都市〕には存在しない。そのかわり、いま神は、黒い肌の怒れる神で、かつてその神がジョン・ロックやスチュワート・ミルを生み出したとしても、そんなことは神自身とっくの昔に忘れている。さらにこういうこともできる、新たな野蛮の形式は、いま文化として知られるようになったものだ、と。いまでも文明と野蛮の衝突を論じることはできるが、同じ論争のもっと精妙な形式とは、文明と文化の葛藤を語るものとなるだろう。文明が普遍性、自律性、繁栄、多元性、個人性、合理的思弁、アイロニックな自己懐疑を意味するならば、文化が表明するものとは、肝臓や膵臓と同じく、わたしたちのなかにあらかじめ組み込まれていることがあきらかな、検証を経る必要のない忠義なり忠誠心めいたもので、極端な場合には、男女とも、その大義のもとに人殺しも辞さないのである。文化が意味するのは、習慣的なもの、集団的なもの、情熱的なもの、自発的なもの、無反省なもの、非アイロニックなもの、非合理的なものである。そのため、わたしたちは文明をもつのにたいして彼らは文化をもつというような話になっても、なんら驚くべきことはない。より正確には、植民国は文明であり、これにたいしてほとんどの被植民地あるいは旧植民地は文化ということになる。

もちろん文化と文明とのあいだに絶対的な対比がありえないこともまたたしかである。なぜなら特定の個別的な生活様式という意味での文化はまた、文明の普遍的価値と想定されているものを伝達する媒体そのものでもあるからだ。まさにそのようにして文明の諸価値は、実践理性の諸形式というかたちで血肉化される。またそうしないと、文明化された諸原理は抽象的すぎて効力を発揮できないからだ。これをもうすこし現実的なレヴェルでいうと、多国籍企業は、それ自体ではいかなる文化性も地域性ももたないが、しかしつねにコロンボ〔スリランカの旧首都〕やチッタゴン〔バングラデシュ南東部の都市〕での伝統的商取引の方法についてぬかりなく注意を払わねばならない。多文化主義とは、グローバルな利益をふやすために、なにをおいてもまず文化的差異に敏感でなければならないのだ。しかし、にもかかわらず、文明と文化のあいだには強烈な敵対関係が存在することもたしかで、それを西洋の文化至上主義者たちは、西洋/東洋という対立軸として固定し、ますます先鋭的なものにしている。彼らが忘れているのは、文化が、西洋文明の隅々にまで浸透していることである。と同時に彼らはまた、イスラムのラディカリズムの閉鎖的な文化が、ムスリム文明全体の反映ではないことも忘れているのだが。

　したがってわたしたちの時代のもっとも危急の課題のひとつは、文明は文化なしではやっていけないが、かといって文化と共存することもむずかしいため、これをどうするかということである。文明は貴重だが脆《もろ》い。文化は荒削りだが力強い。文明は、みずからの物資的利益を守るために殺すのだが、文化は、みずからのアイデンティティを守るために殺すのだ。文明がプラグマティックに物質主義的になればなるほど、文化は、文明自体では対処できない情緒的・心理的欲求を満たすためにますます頻繁に呼び出されることになる。そのため両者の反目はさらに増幅する。普遍的価値を特定の時代や場所に媒介させるべく意図されたものが、かえって普遍的価値への攻撃的逆襲を招来する。文化とは、いったんは抑圧されても回帰し逆襲するものである。文化は、文明よりも直接的で、地域色が濃く、より自発的で、非合理的であると想定されているため、文明よりも美的であるといえる。土着文化《ネイティヴ・カルチャー》を肯定するたぐいのナショナリズム——かつて「文学者の発明」[04]と呼ばれたもの——は、つねに政治のもっとも詩的な形態である。偉大なアイルランドのナショナリストであるパドレイク・ピアース[05]を、公衆衛生にかんする委員会にいれようとは誰もおもわないだろう。

　宗教は、文明と文化を分かつ壁の両側に同時に位置するものである。宗教がもつ強大な力はまさにそのことに部分的に由来している。文明としての宗教は、教義、制度、権威、形而上学的思弁、超越的真理、聖歌隊、寺院である。いっぽう、文化としての宗教は、神話、儀式、野蛮な非合理主義、自発的な感情、暗黒の神々である。もともとキリスト教は文化としてはじまったのだが、のちに文明の問題となった。アメリカでの宗教は、いまでも多少は文明の課題であるが、いっぽうイングランドでの宗教は、おおむね文化的事象であり、それも社会主義やダーウィン主義よりもハイ・ティー〔お茶と夕食を兼ねた食事〕や木靴《クロッグ》ダンスに近い伝統的生活様式である。つまり宗教をあまりに真摯に捉えるのは不作法ということになる（この点ではきわめて英国的人物であるはずのドーキンスはけしからんまでに非英国的である）。女王に仕える牧師から、神の子羊〔キリスト〕の血で身体を洗い清めましたかと尋ねられることはまずない。ある英国人が述べたように、宗教が、あなたの日常生活に干渉する段階になった時点で、あなたは宗教を放棄すべきなのだ。世論調査によれば、たいていの英国人が宗教は善よりも多くの悪をなしてきたと考えている。これは、際立って理にかなった見解だが、アメリカのダラスでは同意を得られそうにない。

　文化が意味するのは、なにをおいても、みずからの信じるものを信じざるをえないということであるがゆえに、文化は合理的論争にとってかわるものになる。合理的討論こそ、文明の擁護者たちが正しくも文化に対抗して提唱してきたものだが、それが文化にとってかわられる。伝統主義的な社会では、あなたがしていることを正当化するとき、あなたの先祖もしてきたことだからという理由がもち出されるのだが、これと同じで文化主義者にとっては、あなたのしていることを正当化するのに必要な理由とは、あなたの文化がそれをしているからということなのだ。この場合、文化そのものは、道徳的に中立ないしは肯定的であると想定されているわけで、このことは、アイスランドやアザンデ族〔スーダン系農耕民〕、さらには海洋民共同体にならあてはまるが、ヘルズ・エンジェルやネオファシスト、あるいはサイエントロジー信者などにはあてはまらない。アイジャズ・アフマドの指摘によれば、文化は、ある種の地域では、人がだれそれであるがゆえに、その人がこのようにふるまうのだということをわからせる説明原理となった。この原理は、生物学に基盤を置く人種差別形式によっても共有されているものだ[*05]。生まれがスコットランドなのか、それともスリランカなのかという問題は、イエズス会員なのか、あるいは、第四インターナショナルのパブロ主義一派[06]なのかということとは異なり、個人で選択できるものではない——この場合、いかにふるまうかといったことも選択の結果とはかぎらなくなる。かりに文化がわたしたちの存在の根底にまで浸透していて、わたしたち自身のアイデンティティを構成するのなら、いま述べたことはかなりの信憑性をもつだろう。文化に訴えかけることは、わたしたちがみずからを道義的責任から免じ、みずからを合理的な議論からある程度解放する方便となっている。虎をつかまえるための罠を掘ることが彼らの非西洋的な生活様式の一部とすれば、巡行ミサイルを製造することはわたしたちの生活様式の一部ということになる。ディチキンスがなんであるかはともかくとして、すくなくとも文化主義者ではないということは彼の強みである。じっさい彼は文化主義とは逆方向に行きすぎているきらいもあるのだが。

ポストモダンの思想は、基盤という考え方に反感を示す。だが、じっさいのところ、ポストモダンは、伝統的な基盤ヴァージョンだけに敵対的であるにすぎない。ポストモダニズムの主張では、伝統的な根拠の後釜に文化として知られる新種の基盤がすわったにすぎない。文化が、新たな絶対的なるものに、最重要基盤に、概念的終止符に、超越的シニフィアンになりおおせる。文化とはいまや、人が鋤《すき》をこれ以上打ちこめない硬い岩盤の深部に、人がそれを脱ぎ捨てて飛び出せない皮膚に、人がその向こうを望見できない地平になっている。歴史上のこの時点で、このような〔文化万能〕論を展開するのは、なんともおかしなものではないか。それがいよいよ消滅せんとしている事実に、ようやく最近になってわたしたちが関心を向けるまで、ほとんどかえりみられることはなかった〈自然〉なるものが、いままさに人間文化全体を凌駕せんとしているのだから。〈自然〉はいつも文化に切り札をつきつけている。その切り札とは、死である。

文化という概念にはどこか神聖な響きがある。なんといってもそれは、衰えつつあった宗教的信仰に代わる世俗的代替物の役割を二、三世紀あるいはそれ以上ものあいだ演じてきたからだ。この考えはそうばかげたものではない。宗教と同じく文化は、究極的価値、直観的確信、聖化された伝統、容認されたアイデンティティ、共有された信条、象徴行為、そして超越的感覚である。いまや宗教ではなく文化こそが、多くの男女にとって、心なき世界《ハートレス》の真髄《ハート》＝心なのだ。じっさい、文化を、阿片の代用品として役立てている人たちもいる——文化を文学とか芸術としてとらえるという少数エリート的概念を念頭に置くにせよ、あるいは文化を愛顧されてきた生活様式としてとらえるにせよ。文化を文学・芸術とみなすことにかぎっていえば、ほとんどの美的概念が、神学的概念の代用になっているのは注目にあたいする。芸術作品は、神秘的で、自己充足的かつ自己運動的とみられるとき、神なき寛容な時代における神のイメージと化す。だがじっさいのところ、文化は宗教の代用品になることはできない。だからこそ、過去数世紀のあいだ、文化概念は重圧にあえいできたのである。芸術作品は、わたしたちを救うことはできない。芸術作品は、ただ、どこを修復すべきかという問題にたいするわたしたちの感覚を鋭敏なものにしてくれるだけである。また生活様式という意味の文化を祝福することは、救済法としては、偏りすぎる。

　文化と文明を和解させるという試みも考えられるが（あるいは誰かがいったように、両者の関係をドイツ人とフランス人に置き換えてもいいのだが）、その場合、なすべきは、こう主張することである、すなわち文明がたずさえる価値観は、たとえ普遍的でも、それだけではどうすることもできず、必要なのは特定の地域の居場所《ローカル・ハビテイション》と名称《ネーム》である、と——この居場所と名称は、文明の地球上の所在地を示す住所としても機能する。ちなみに、その住所とはつねに西洋であった。たしかに西洋も数ある文明のひとつだが、同時に西洋は文明それ自体の真髄でもある。ちょうど多くの国のひとつであるフランスが、知性の真髄でもあるのと同じように。この主張があまりにも西洋至上主義的だとすれば、一見したところそれほど差別的ではないような別の主張も考えられる。とりわけそれは、哲学者のリチャード・ローティとむすびつけられる——ちなみにローティRortyという言葉は、『オックスフォード英語辞典』の定義によると、「喧嘩好き」、「騒々しい」、「がさつ」、「素朴」、「遊び好き」などとされているが、わたしが覚えているかぎり、彼はそんな人間ではない。ローティの議論によると、西洋文明はたしかに地域的かつ偶発的という意味では「文化」であるが、西洋文明の価値は、普及すべきものであり、またじっさいのところ普遍的になってもいいぐらいのものなのである。文学批評家のスタンリー・フィッシュもこれと似た議論をしている。[*06]

つまりこれは、西洋文明の諸価値があたかも普遍的価値にふさわしいかのようにふるまいつつ、同時にそれらを絶縁して徹底的な批判の対象とはしないことを意味している。西洋文明の諸価値がそうした批判からまぬがれているのは、あなたが、いかなる合理的基盤も主張しないからである。それこそが、みずからの文化を数ある文化のひとつとして認めることの効果なのだ。あなたは、そこからさらに大胆に一歩進めて、みずからの生活様式にかんする合理的な擁護という試みを放棄し、文化主義的な擁護に切り替えることもできる。たとえそうすることの代償が、みずからの生活様式を危険なまでに無根拠なままにすることであるとしても。ここでは「文化」と「文明」が幸いにして一致する。西洋が文明化されていることはまぎれもなくたしかである。しかし西洋文明が偶発的にすぎない文化にそもそも由来するのであれば、文明を説明するための合理的根拠は不要になる。こうして文明と文化のいいとこどりが可能になるのだ。そして文化概念は、かつて野蛮概念がそうされたようには一蹴されることはない。それは根本的な異議申し立てから安全にまぬがれるかたちで、文明に一体化され組み込まれたからである。

すでにわたしが述べたように、理性だけが、野蛮な非合理主義を屈服させることができるのだが、そうするためにも、理性は、理性そのものより深い部分に横たわる信仰の力や資源に頼らなければならない。ただし、その場合、理性は、まさにみずからが払いのけようとしている非合理主義に類似したものにもなり不安が生じる。第二次世界大戦のとき、西洋が味わっていたのは、これに似た状況なのだ。じっさいのところ、合理主義やリベラル・ヒューマニズムは、ほんとうにファシズムを打ち負かせるほど強いのか。なにしろファシズムは、その力を強烈に非合理的部分から引き出しているというのに。あるいは社会主義がわれこそはと主張するように、ファシズムと同じだけ深く切りこむ敵対者だけが、それを打ち負かすことができるのだろうか。社会主義の観点からすると、リベラルな合理主義はファシズムに立ち向かうには脆弱すぎる信条である。いっぽうリベラルの観点からすると、社会主義とファシズムは不気味なくらい共通点が多いのだ。トマス・マンの偉大な小説『ファウスト博士』は、なによりもまず、こうしたジレンマをあつかう寓話として読むことができる。だが理性ないし理性にとっての他者という問題は、マンの『魔の山』が主題とするところである。そこでは、生と死、肯定と否定、〈エロス〉と〈タナトス〉、神聖なるものと猥褻なるものが緊密に織り合わされている。そして、この生の本能と死の本能の衝突は、リベラルな合理主義者で啓蒙主義的ヒューマニストでもあるセテムブリーニと、イエズス会員で共産主義者、さらにブルジョワ啓蒙思想の反逆者でもある邪悪なナフタとの葛藤というかたちをとっている。

ナフタは意気軒昂なモダニストであり、セテムブリーニのリベラルな近代的精神に悪魔的に反抗している。ナフタは、犠牲、過激さ、絶対的精神主義、宗教的熱狂、オカルト主義、非人格主義、教条主義、死の崇拝――要するに、ディチキンスが考える人間のもっともけがらわしい側面のすべて――を体現する存在である。ナフタの生きる糧となるのは、陰気で古めかしく、血が染みついたような文化であり、いっぽうの文明化されたセテムブリーニは、理性、進歩、リベラルな価値、ヨーロッパ的知性を快活に擁護する。両者の関係は、『ファウスト博士』における、リベラルな精神をそなえてはいるが無力な語り手のツァイトブロームと、悪魔的芸術家として作品の中心的役割をはたすアードリアン・レーヴァーキューンとの対照的な関係に類似している。

それゆえ、さきの『魔の山』の登場人物のうち、どちらの人物にディチキンスが親近感を覚えるかは誰の目にもあきらかだ。しかしながら、小説ではより微妙な判断が示されている。生を祝福するセテムブリーニはじつは死のまぎわにあり、そのコスモポリタニズムにしてもヨーロッパ中心主義を狭くしたようなものにすぎない。ナフタの悪意ある見方によると、ちょうど作品の背景である第一次世界大戦が、一九世紀において高くかかげられた希望のなれのはての姿を示すように、セテムブリーニの進歩主義そのものも、時代遅れの旧式なものなのだ。この点にかんして注目すべき事柄は、物語の舞台であるサナトリウムの患者のうち、誰ひとりとして治癒の見込みがないことである。ナフタは病的なまでに死に恋い焦がれているかもしれないが、いっぽうセテムブリーニは死を抑圧することによって軽薄なヒューマニズムを開花させる。健康と文明を崇拝するセテムブリーニにとって、病や堕落は考えるだに噴飯ものであり、それについての熟慮などもってのほかというわけだ。人間であれば病はつきものなのに、それを彼はうけいれられない。また、倒錯、逸脱といったものは人間の条件をかたちづくるものであって、そこからはずれたものではないということを、彼はやはり理解できないでいる。

作品の主人公であるハンス・カストープが学ぶのは、生のなかの死という形式が存在するということだ。そうしたものはナフタにもセテムブリーニにもない生き方である。つまり、それは、人間が、はかなく死ぬ運命にあるということを念頭に置いて、あくまでも謙虚に人間的なるものを肯定するということだ。この悲劇的ヒューマニズムは、セテムブリーニとは異なり、死を破壊的出来事としてだきとめるが、同時にそれはナフタのように死を物神化することを拒絶する。自分がいつか死ぬということを謙虚にうけいれることによってのみ、わたしたちは人生をぞんぶんに生きることができるのだ。あの偉大な雪の場面で描かれる、愛と同胞意識に彩られた感動的なカストープのユートピア的展望の中心には、子供を八つ裂きにするという戦慄のイメージがひそんでいる。それは文明そのものをささえる血の犠牲のしるしにほかならない。このような啓示に打たれたハンスは、今後みずからの思考が死に支配されることを拒むだろう。ハンスはおもう――死に打ち勝つのは理性ではなく愛であり、愛のみが文明の甘美をもたらす、と。つまり、理性はあまりにも抽象的で非個人的なので、それ自体では死を屈服させる力をもちえないのだ。だが、ハンスがおもいえがくような愛が真正なものとなるには「沈黙のうちにたえず血の犠牲を認識して生きることが必要である」[07]。人は美や理想主義や進歩への渇望を尊重すべきであるが、いっぽうニーチェ流あるいはマルクス流に、そうしたものの根底にどれだけ多くの血と悲惨が存在しているのかも告白しなければならない。とはいえ表面的にみるかぎり、こうした叡智が〈進歩〉の配達者たちに共有されることはなさそうだ。

＊

文化が宗教の適切な代用品にはなりえないとしたら、それはまた政治の代替物をつとめることもできない。近代からポスト近代性への移行があらわすことは、なによりもまず、舞台の中央に立つのは政治ではなく文化だという信念である。ポストモダニズムは物質的利益よりもライフスタイルに鋭敏に反応する。一般的にいって、ポストモダニズムは石油よりもアイデンティティをあつかうほうがずっと得意である。文化主義の一形態としてのポストモダニズムは、皮肉にも、ラディカルなイスラムと似ている。ラディカルなイスラムもまた究極的に問題となるのは信念と価値にかかわるものと主張しているからだ。「イスラム主義者にとって」とアセフ・バヤトはこう述べている、「帝国主義とは、たんに軍事的制圧や経済的支配だけを意味するのではない。それはなによりもまず、世俗思想、不道徳、外国語、ロゴス、名前、食物、ファッション、こうしたものの普及によって確立される文化的支配として立ちあらわれる……排他的な道徳的・イデオロギー的共同体をつくることが、従属階級を社会的に解放することにとってかわったのである」[*07]。これはまさに、徹頭徹尾ポストモダン的事例である。

すでにほかの場所でわたしは、西洋のポストモダニズムの到来は革命政治の破綻に、その根のいくつかをもつと主張してきた[*08]。同様に、イスラムのラディカリズムも、たんに西洋の略奪的政治への反発から生まれただけでなく、すでにみてきたようにムスリムの世俗主義、リベラリズム、ナショナリズム、社会主義などの諸形態のぶつかりあいからも生まれてきたのである。イスラム原理主義は、なにをおいてもまず、ムスリム左翼の敗北——西洋の積極的な関与によってもたらされた敗北——にたいする凶悪な反応である。まさにこれは、人を呪わば穴ふたつという諺が実現したとでもいえようか。一部の地域では、宗教言語が政治言説にとってかわりつつある。これは、宗教と政治の融和をめざすキリスト教の解放の神学にまっこうからさからうものだと主張することもできるだろう。バヤトが指摘しているように、解放の神学の擁護者たちは、社会のイスラム化を企図するラディカルなイスラム主義者とは一線を画し、一国をキリスト教化するつもりなどなかった。なお、ラディカルなイスラム主義者と同様の文化主義を示すのが、西洋のイデオローグのサミュエル・ハンチントンであり、その影響力の大きかった著書『文明の衝突』は、文明を、もっぱら文化と宗教の観点から定義している（捕らえがたい野獣ともいうべき文明がどれだけあるのかをハンチントンは正確には把握していないようだ）。

いままで政治は、みずからの状況を変革するという大義のもとに地に呪われた者たちを団結させることに失敗してきたのだが、文化が政治にかわって同じことを試みても、やはり不首尾に終わるだろう。文化は、ひとつには、あなたが何であるのか、これまでずっと何であったかを確認させてくれるものであって、あなたが今後どのようなものになるかは知ったことではないからだ。ならば、宗教はどうだろうか。キリスト教世界として知られている世界は、みずからを文化と文明の統合体としてみていた。こうした面があったればこそ、宗教は、人類が考え出したもののうち、もっとも強力かつ根強く、さらに普遍的でもあるような象徴形式でありつづけたのだ。絶対的で普遍的な真理と無数の男女による日常的慣習実践とを、ここまで直接つなげることが、ほかの象徴形式にできただろうか。きわめて高度で洗練された思想ともっとも卑近な現実感覚をこれほど親密な関係にむすびつけることが、ほかの生活様式にできただろうか。宗教的信仰は、個人的な内面性と超越的な権威のあいだにホットラインを設けたのだ――それはまさに文化の唱道者がひたすら指をくわえてうらやましがるような偉業である。だが、所有せざる人びとを解放するとなると、宗教は、文化と同様、無力である。ただ、たいていの場合、現行の宗教はそうしたことに微塵も興味を示さないのだが。

近代の到来とともに、文化と文明は次第次第に引き裂かれるようになった。政治主権が世俗国家の手にゆだねられたことにともなって、信仰は私的領域ないしは日常的な文化の領域のどちらかにますます追いやられるようになる。ちょうど政治的主権が世俗国家の手に握られるようになったのと同じように。宗教はまた、リベラルな国家には手にあまるような種類の信念を代表していた。もっとも国家がみずからを正当化する目的でなら、宗教をのっとることもやぶさかではないだろう。芸術と性現象というふたつの象徴領域とともに、宗教もまた世俗的な権力からある程度の距離を置くようになった。そして、これら三種の象徴形式のための私的空間は、結果としてあきらかにもろ刃の剣となった。いっぽうでそれらの領域は、オルターナティヴな価値の貴重な資源であり、それゆえ政治的批判の貴重な資源としても機能しうるのだが、いまいっぽうで、公的な世界からの孤立化によって、それらはいやましに病的なものとならざるをえなかった。

それゆえ、現在さかんとなっているグローバルなシステムは、ひとつの好ましくない選択に直面している。つまり、敵である絶対主義に対抗して、土着のプラグマティズムの美徳を信頼するか――かなりきわどいやり方だ。あるいはみずからの形而上的価値にすがるのか――西洋の原理主義者ならそうするように主張するだろう。だがここですがることになるこの形而上的価値は、ますます現実から乖離して古ぼけたものになっている。アメリカ人は、ミシガン州ホランドの上空に偉大なる最高責任者《CEO》としての神を目にするかもしれないが、ミュンスターやマンチェスターでは、誰からも、そんなことは信じてもらえそうにないだろう。西洋はみずからの名誉を守るためにひたすら血気さかんに形而上学的な方向に進むべきなのだろうか。さらに、それを実行するにあたって、リベラルで世俗的な西洋の価値観をあまりそこなわないでいられるのだろうか。その結果、非リベラルな敵から守るにあたいするものがまだ存在することが証明されるのだろうか。

マルクス主義が文化と文明の和解という展望を提起するとすれば、それは、なによりもまず、提唱者マルクスが、ロマン主義的ヒューマニストであったと同時に、啓蒙的合理主義者の後継者でもあったからである。マルクス主義は文化と文明――すなわち感覚的個別性と普遍性、労働者と世界市民、地域的結束と国際的連帯、生身の個人による自由な自己実現とそうした個人がたがいに協力しあうグローバルな共同体――をともにあつかう。だが、わたしたちの時代におけるマルクス主義は、唖然とするほどの政治的拒絶にさらされてきた。そして居場所をなくしたラディカルな衝動が移動先のひとつとして見出したのが――よりにもよって――神学だった。今日、神学におけるいくつかの領域ではドゥルーズ、バディウ、フーコー、フェミニズム、マルクス、ハイデガーについて、もっとも豊富な知識を駆使しつつ活発な議論がおこなわれている。

これはかならずしも驚くべきことではない。なぜなら、ますます専門化しつつある世界にあって、神学が真実として主張しているものの多くがいかに信じがたいものであっても、それでもやはり神学こそがいまもっとも野心的な理論的領域として残されているからだ――その主題は、人類がその生の超越的源泉とみなしているものとの関係における、自然と人類自体の運命にほかならない。こうした問題は、分析哲学や政治科学ではとりあげることがむずかしい。この点で神学が実用的な諸問題からは超然と距離を置いていることは利点ともなる。したがって、わたしたちはきわめて興味深い状況にいるともいえる。ディチキンスが正しく認識するように、神学がますます重要な問題の一部とみられるような世界では、神学そのものがある種の批評的省察をはぐくむことになり、そこから当の問題にたいしてもなんらかの答えを引き出せるかもしれない。宗教が引き起こしてきたあらゆる残虐行為や不条理を念頭に置くとしても、世俗的左翼が、宗教から学ぶことのできる教訓というものはあり、また、そうした教訓にけちをつけられるほど、左翼に豊富な考えがあるわけではないのだ。

現在、いっぽうの側が、対立する側の話に耳を傾けることがあるだろうか。はたしてディチキンスは、本書を一読することで、ダマスカスに向かう道がみえなくなるような強烈な光による啓示《エピファニー》を体験するのだろうか〔聖パウロの回心をめぐる物語を踏まえている。新約聖書「使徒行伝」第九章参照〕。この問いにたいしては、神学用語をふたつばかり用いて答えてみよう。「見込みなし〔Not a hope in hell.〕」〔直訳をすると「地獄に希望なし」だが、見込みのないことをいう慣用句〕。だが、いまは、このような対話すら成り立たないだろう。いずれの側に立っていようと、めいめいの立脚点があまりにも強固で動かしがたいからだ。相互理解というものは、一部のリベラルが想定しがちなように、どこにでも生ずるというわけではない。相互理解のためには、しかるべき物質的な諸条件をととのえる必要がある。テロとの戦いと呼ばれるものがつづけられるかぎり、物質的諸条件の整備は現実のものとはならないだろう。

ディチキンスとわたしのような者のちがいは、とどのつまりリベラル・ヒューマニズムと悲劇的ヒューマニズムのちがいということになる。ディチキンスのような人びとによると、神話や迷信といった過去の有毒な遺物をふり払いさえすれば、自由が得られるのである。わたしにいわせれば、それは、寛大な心がけだが、やはりそれもまたひとつの神話にすぎないようにおもわれる。悲劇的ヒューマニズムは、人類の自由な繁栄というリベラル・ヒューマニズムの展望を共有する。ただし悲劇的ヒューマニズムは、最悪の事態に直面することによってのみ、この展望を現実のものにすることができると考えるのだ。結局のところ、人類を肯定するという試みのなかでただひとつ価値があるものは、王政復古後の幻滅したミルトンのように、そもそも人類とは救うだけの価値があるものなのか、とまず真剣に考えることのようだ。そのうえでかつてジョナサン・スウィフトのブロブディングナグ王〔『ガリヴァー旅行記』で語られる巨人国の国王〕が、人類を害虫のように不快な種として描いてみせたとき、王がどのような心づもりだったのかを理解できるようになるということなのだ。悲劇的ヒューマニズムは、それぞれの立場によって、社会主義、キリスト教、精神分析学の諸派といったふうにわけられるが、そうした枠を超えて、つぎの主張を共有する点では一致している。[*09] つまり、人類は自己放棄と根源的な自己変革というプロセスを経てはじめて、本来の姿をとりもどすということだ。そのように変貌を遂げた未来がじっさいに生み出される保証はどこにもない。だが、リベラルな教条主義者や「進歩」をふりかざす煽動者、そしてイスラム恐怖症の知識人が行く手をはばまないようになれば、いま予測されているよりはほんのすこし早く、そうした未来がおとずれるかもしれないのである。

原注

第一章　地の屑

＊01　ひとりよがりの慈善行為に走って、わたしはこの校長の名前を、わたしの回想録 *The Gatekeeper* （London: Allen Lane/ Penguin, 2001）〔『ゲートキーパー――イーグルトン半生を語る』滝沢正彦・滝沢みち子訳（大月書店、二〇〇四）〕のなかで、「ダミアン」に変えたが、当然のことながら、彼の犠牲者たちの幾人から、名前の変更はまちがっているとのお叱りの言葉をいただいた。それゆえ、ここで彼に一撃をくらわすことにした。

＊02　わたしの回想録『ゲートキーパー』*The Gatekeeper* （London: Allen Lane/ Penguin, 2001）〔前の注参照〕は、おそらく、アンチ自伝として記述できるだろう。

＊03　Herbert McCabe, *Faith Within Reason* （London: Altantic, 2007）, 76.

＊04　Christopher Hitchens, *God Is Not Great* （London: Atlantic, 2007）, 282.

＊05　John C. Lennox, *God's Undertaker* （Oxford: Lion, 2007）, 62.

＊06　Rowan Williams, "How to Misunderstand Religion" ――二〇〇七年一〇月一三日スウォンジー大学（ウェールズ）での講演。

＊07　Lennox, *God's Undertaker*, 58 に引用されている。

＊08　John Gray, "The Atheist Delusion," *Guardian* （March 15, 2008）.

＊09　「ユダヤ・キリスト教」という用語を、文化上ならびに神学上の連続性を示唆するつもりで使っているのであり、ユダヤ人にたいする上から目線でキリスト教の伝統に「包含する」身ぶりでもなく、またこれ

は、ムスリムを排除する保守的・イデオロギー的暗号でもない。

*10 Charles Taylor, *Sources of the Self* (Cambridge: University of Cambridge Press, 1989), 13-16, 81-83, 211-47 参照。

*11 わたしの *An Essay on Evil*（近刊）参照。

*12 *New York Times*, May 19, 2008.

*13 Herbert McCabe, *Faith Within Reason* (London: Continuum, 2007), 108.

*14 Alain Badiou, *Saint Paul: The Foundation of Universalism* (Stanford: Stanford University Press, 2003), 55-56.〔バディウ『聖パウロ』長原豊・松本潤一郎訳（河出書房新社、二〇〇四）一〇二頁〕

*15 Daniel Schwartz, *Aquinas on Friendship* (Oxford: Clarendon Press, 2007), 6.

*16 Terry Eagleton, *After Theory* (London: Allen Lane/ Penguin, 2003), Ch.6.〔『アフター・セオリー――ポスト・モダニズムを超えて』小林章夫訳（筑摩書房、二〇〇五）第六章〕

*17 ここで、自分でつくったお粗末なマルクス主義的ジョークをひとつ。ある石油会社の幹部が憂慮していたのは、自社プラントのひとつが、あっというまに大金を失っていることだった。そのプラントを経営していたのは福音主義者たちで、神の声による指示に従ってすべての事業関係の決断をおこなっていた。そこで石油会社の幹部は、現実的で目先の利く、元軍人タイプの問題解決専門家を派遣することにした。しかしこの専門家の努力もむだだった。上層部は最終的にこの合理主義者の退役大佐《カーネル》〔合理的な核《カーネル》とかけている〕を引き揚げねばならなくなった。この神秘的なシェルから〔殻《シェル》と石油会社シェルをかけている〕。

*18 Karl Marx, "Contribution to the Critique of Hegel's Philosphy of Right," in *Karl Marx: Early Writings*, ed. T. B. Bottomore (London: C. A. Watts, 1963), 44.〔マルクス「ヘーゲル法哲学批判序説」城塚登訳、マルクス『ユダヤ人問題に寄せて　ヘーゲル法哲学批判序説』（岩波文庫、一九七四）所収、七二頁。「ヘーゲル法哲学批判　序説」三島憲一訳、『マルクス・コレクションI』中山・三島・徳永・村岡訳（筑摩書房、二〇〇五）所収、一五八頁〕

*19 Dan Hind, *The Threat to Reason* (London: Verso, 2007), 22 に引用されている。

＊20　Gilbert Achtar, "Religion and Politics Today," *Socialist Register*（London, 2008）, 59.

第二章　裏切られた革命

＊01　Terry Eagleton, "Lunging, Flailing, Msipunching," *London Review of Books*（19 October 2006）, 32.

＊02　Denys Turner, *Faith, Reason and the Existence of God*（Cambridge: Cambridge University Press）, 230.

＊03　Stephen Mulhall, *Philosophical Myths of the Fall*（Princeton, N. J.: Princeton University Press, 2005）, 22.

＊04　Daniel C. Dennett, *Breaking the Spell: Religion as Natural Phenomenon*（London: Penguin, 2007）, 9.

＊05　たとえばFrank Kermode, *The Sense of an Ending*（Oxford: Oxford University Press, 1967）〔カーモード『終わりの意識——虚構理論の研究』岡本靖正訳（国文社、一九九一）〕ならびに*The Genesis of Secrecy*（Camebrdige, Mass.: Harvard University Press, 1979）〔同『秘儀の発生——物語の解釈をめぐって』山形和美訳（ヨルダン社、一九八二、松柏社、一九九九）〕参照。どちらの著作も、断固たる世俗的批評家が、神学問題をきわめて精密に把握していることを如実に示している。

＊06　Karl Barth, *Church Dogmatics*, vol. 4, Part 1（Edinburgh: T. and T. Clark, 1961）, 531.〔バルト『教会教義学　第三巻第四分冊第三部創造論』吉永正美訳（新教出版社、一九八〇）四二三頁〕

＊07　Herbert McCabe, *Faith Within Reason*（London: Continuum, 2007）, 46.

＊08　Melvin Hill, ed., *Hannah Arendt: The Recovery of the Public World*（New York: St. Martin's Press, 1979）, 334-35.

＊09　Dan Hind, *The Threat to Reason*（London: Verso, 2007）の諸頁参照。

＊10　Charles Taylor, *A Secular Age*（Cambridge, Mass.: Belknap Press of Harvard University Press, 2007）, 332.

＊11　John Milbank and Catherine Pickstock, *Truth in Aquinas*（London: Routledge, 2001）ならびにFergus Kerr, *After Aquinas*（Oxford: Blackwell, 2002）参照。

＊12　この見解の出典としては John E. Smith, "Faith, Belief and the Problem of Rathionality," *Rationality and Religious Belief*, ed. C. F. Delaney (Notre Dame, Ind.: Notre Dame Press, 1979).

＊13　Richard Dawkins, *The God Delusion* (Boston: Houghton Mifflin, 2008), 271.〔ドーキンス『神は妄想である——宗教との訣別』垂水雄二訳（早川書房、二〇〇七）三九五頁〕

＊14　Alastair Crooke, "The Naïve Armchair Warriors Are Fighting A Delusional War," *Guardian* (24 March 2008).

＊15　この主題について、わたしは以下の著作で詳細に論じている。Eagleton, *Holy Terror* (Oxford: Oxford University Press, 2005), Ch.1.

＊16　Walter Benjamin, "Theses on the Philosophy of History," *Illuminations*, ed. Hannah Arendt (London: Collins/ Fontana, 1973).〔ベンヤミン「歴史の概念について」（歴史哲学テーゼ）、『ベンヤミン・コレクションI——近代の意味』浅井健二郎監訳・久保哲司訳（ちくま学芸文庫、一九九五）所収〕

＊17　Ibid., 256.〔同書六四七頁〕

＊18　Detlev Claussen, *Theodor W. Adorno: One Last Genius* (Cambridge, Mass.: Harvard University Press, 2008), 338 に引用されている。

＊19　Max Horkheimer and Theodor Adorno, *Dialectics of Enlightenment* (New York: Herder and Herder, 1972).〔ホルクハイマー、アドルノ『啓蒙の弁証法』徳永恂訳（岩波文庫、二〇〇七）〕

＊20　Rush Rhees, *Ludwig Wittgenstein: Personal Recollections* (Oxford: Basil Blackwell, 1981), 101.〔著者イーグルトンは、同じウィトゲンシュタインの発言を別の論文でも引用して論じているので興味のある方は参照されたい。イーグルトン「ウィトゲンシュタインの友人たち」『批評の政治学』大橋・鈴木・黒瀬・道家・岩崎訳（平凡社、一九八六）所収参照。〕

＊21　ちなみにその問題となった地主は、アイスリング・フォスターなる女性の先祖らしいのだが、彼女の夫は、アイルランドの歴史家ロイ・フォスターである。そのフォスターの著述を、わたしは時折ラディカルな観点から批判してきた。変われば変わるほど、だが、また同じことのくりかえし……。〔なおイーグル

トンのロイ・フォスターの著作にかんする批判的書評は以下の著作で読むことができる。イーグルトン『反逆の群像——批評とは何か』大橋洋一・小澤英実ほか訳（青土社、二〇〇八）第33章〕

＊22 Pankaj Mishra, "The Burmese Monks' Spiritual Strength Proves Religion Has a Role in Politics," *Guardian* (1 October 2007).

＊23 Aijaz Ahmad, "Islam, Islamisms and the West," *Socialist Register* (London: Merlin, 2008), 12.

＊24 Ibid., 14.

＊25 Ibid., 29.

＊26 Ibid., 25.

＊27 Ibid., 26.

＊28 Ibid., 37.

第三章　信仰と理性

＊01 Robert Pape, *Dying to Win: The Strategic Logic of Suicide Terrorism* (New York: Random House, 2005) 参照。

＊02 Slavoj Žižek, *In Defense of Lost Causes* (London: Verso, 2008), 31〔ジジェク『大義を忘れるな——革命・テロ・反資本主義』中山徹・鈴木英明訳（青土社、二〇一〇）五四頁〕。

＊03 Herbert McCabe, *Faith Within Reason* (London: Continuum, 2007), 13.

＊04 Alain Badiou, *Being and Event* (London: Continuum, 2005) 参照。

＊05 Terry Eagleton, *Trouble with Strangers* (Oxford: Wylie-Blackwell, 2008), Part3, Ch.9 参照。

＊06 Jean-Yves Lacoste, "Perception, Transcendence and the Experience of God," *Transcendence and Phenomenology*, ed. Peter M. Candler Jr. and Conor Cunningham (London: SCM Press, 2007), 15 参照。

＊07　Christopher Hitchens, *God Is Not Great*（London: Atlantic, 2007）, 5. この著作からの引用箇所は、引用文のあとの括弧内にページ数を記す。

＊08　Dan Hind, *The Threat to Reason*（London: Verso, 2007）, 64.

＊09　Denys Turner, *Faith, Reason and the Existence of God*（Cambridge: Cambridge University Press, 2004）, 232.

＊10　Ludwig Wittgenstein, *On Certainty*, quoted in Anthony Kenny, ed. *The Wittgenstein Reader*（Oxford: Blackwell, 1994）, 254.〔ウィトゲンシュタイン『確実性の問題』黒田亘訳、『ウィトゲンシュタイン全集9』（大修館書店、一九七五）所収、五六頁〕

＊11　Charles Taylor, *A Secular Age*（Cambridge, Mass.: Belknap Press of Harvard University Press, 2007）, 835. テイラーによるドーキンスの引用は参照元が記されていない。

＊12　Charles Taylor, *Sources of the Self*（Cambridge: Cambridge University Press, 1989）, Part II 参照。

＊13　Terry Eagleton, *Sweet Violence: The Idea of the Tragic*（Oxford: Blackwell, 2003）, 258-59 参照。〔『甘美なる暴力――悲劇の思想』森田典正訳（大月書店、二〇〇四）三九〇―九一頁〕

第四章　文化と野蛮

＊01　Dan Hind, *The Threat to Reason*（London: Verso, 2007）, 70 に引用されている。

＊02　Catherine Gallagher, "The Rise of Fictionality," in *The Novel, Volume I: History, Geography, and Culture*, ed. Franco Moretti（Princeton, N.J.: Princeton University Press, 2006）, 336-63.

＊03　Ibid., 346.

＊04　John Milbank, "Only Theology Saves Metaphysics: On the Modalities of Terror," *Belief and Metaphysics*, ed. Peter M. Candler Jr. and Conor Cunningham（London: SCM Press, 2007）, 455.

＊05 Aijaz Ahmad, "Islam, Islamisms and the West," *Socialist Register* (London: Merlin, 2008), 21.

＊06 たとえば Richard Rorty, *Contingency, Irony, and Solidarity* (Cambridge: Cambridge University Press, 1989)〔ローティ『偶発性・アイロニー・連帯——リベラル・ユートピアの可能性』斎藤純一・大川正彦・山岡龍一訳（岩波書店、二〇〇〇）〕、および Stanley Fish, *Doing What Comes Naturally* (Oxford: Oxford University Press, 1989) 参照。

＊07 Asef Bayat, "Islamism and Empire: The Incongruous Nature of Islamist Anti-Imperialism," *Socialist Register* (London: Merlin, 2008), 43 and 49.

＊08 Terry Eagleton, *The Illusions of Postmodernism* (Oxford: Basil Blackwell, 1996), Ch. 1〔イーグルトン『ポストモダニズムの幻想』森田典正訳（大月書店、一九九八）〕参照。

＊09 この見解を力強く披瀝するものとしては Raymond Williams, *Modern Tragedy* (London: Chatto and Windus, 1966), Part 1, Ch. 4 参照。

訳注

＊［　］は原書にある挿入、〔　〕は訳者による補足説明である。

＊ドワイト・H・テリー講演 Dwaight H. Terry Lectureship（略称テリー講演 Terry Lectures）は、ドワイト・H・テリー（コネティカット州ブリッジポートの実業家）からイェール大学への七万五千ドルの寄附によって一九〇五年設立された財団が、一九二三年から毎年開催している講演。無料で一般公開。講演者は一箇月以内に四回講演をおこない、講演内容はイェール大学出版局から刊行されている。なお一九九九年より講演映像がインターネット上で公開されている。イーグルトンの講演は、二〇〇八年四月一日、三日、八日、一〇日の四回にわたっておこなわれ、第一回「キリスト教、公正かつ醜悪な」、第二回「リベラリズムの限界」、第三回「信仰と理性」、第四回「文化と野蛮」であった。

第一章　地の屑

＊章のタイトルについて――出典は新約聖書「コリント人への手紙」第四章第一三節（筆者はパウロ）。第一一節から、新共同訳で引用をすると――「今の今までわたしたちは、飢え、渇き、着る物がなく、虐待され、身を寄せる所もなく、／苦労して自分の手で稼いでいます。侮辱されては祝福し、迫害されては耐え忍び、／ののしられては優しい言葉を返しています。今に至るまで、わたしたちは世の屑、すべてのものの滓とされています」。英語では the scum of the earth で、「世の屑」とすべきところあえて「地の屑」とした。

〔01〕第二ヴァティカン公会議（第一回は一八六八年に開催）は、一九五九年、教皇ヨハネス二三世が立案し六二年に開会、ヨハネス二三世の死後、パウロ六世が遺志を引継ぎ、六五年に閉会した。全世界から参加者が集まり、重要な公会議として後世に大きな影響をあたえた。
エドワード・スヒレベークス Edward Schillebeeckx（1914–2009）はベルギー出身の神学者でドミニコ会修道士。オランダのヘルダーランド州ナイメーヘンの大学で教えた。第二ヴァティカン公会議において活躍した。

〔02〕リチャード・ドーキンス Richard Dawkins（1941–）はイギリス出身の動物行動学者、生物進化論者。『利己的遺伝子論』でもっともよく知られ、科学的啓蒙的著作も多く一般読者にも知名度は高い。現在ではその宗教批判と無神論の主張が着目され、リベラルな合理主義的立場には賛同者も多い。『神は妄想である』は全世界的にベストセラーとなった（なお英語の固有名詞の語尾のsは、母音・有声子音の後は/z/となるのが原則だが、既訳では「ドーキンス」となっているため、やむなく本書でもそれを踏襲した。つぎのヒッチンスの場合も同じ）。日本語訳された著書には『利己的な遺伝子（増補改訂版）』日高敏隆・岸由二・羽田節子・垂水雄二訳（紀伊國屋書店、一九八六、二〇〇六）、『盲目の時計職人――自然淘汰は偶然か？』日高敏隆・遠藤彰・遠藤知二・疋田努訳（早川書房、二〇〇四）、『遺伝子の川』垂水雄二訳（草思社、一九九五）、『虹の解体――いかにして科学は驚異への扉を開いたか』福岡伸一訳（早川書房、二〇〇一）、『悪魔に仕える牧師』垂水雄二訳（早川書房、二〇〇四）、『神は妄想である――宗教との決別』垂水雄二訳（早川書房、二〇〇七）、『進化の存在証明』垂水雄二訳（早川書房、二〇〇九）などがある。

〔03〕クリストファー・ヒッチンス Christopher Hitchens（1949–）はイギリス出身で、英米両国の市民権をもつ著述家、ジャーナリスト。公的知識人としてメディアへの露出が多く、一般にもよく知られている。初期はイギリスのラディカルな左翼の論客として活躍し、熾烈な政治批判・宗教批判を展開したが、九・一一同時多発テロを機に、ネオコンに接近、ブッシュ政権の介入主義とイラク侵攻を支持するにいたった。そのキリスト教批判によってドーキンスとも並び称され、両者は親交もある。日本語訳された著作は以下

の二点のみだが、著書は二〇冊を超える――『トマス・ペインの「人間の権利」』中山元訳（ポプラ社、二〇〇七）、『アメリカの陰謀とヘンリー・キッシンジャー』井上泰治訳（集英社、二〇〇二）。

〔04〕デネット Daniel Clement Dennett（1942–）はアメリカの哲学者で、専門は科学哲学。人間の心や意識の問題を論ずる。本書で言及される『呪縛を解く』*Breaking the Spell*（日本語訳はない）は、宗教と社会との関係を、進化論などを通して解明するもので、キリスト教や原理主義への批判を展開。日本語に翻訳されている著書――（ダグラス・ホフスタッターとの共著）『マインズ・アイ――コンピュータ時代の「心」と「私」』坂本百大監訳（TBSブリタニカ、一九八四）、『「志向姿勢」の哲学――人は人の行動を読めるのか？』若島正・河田学訳（白楊社、一九九六）、『解明される意識』山口泰司訳（青土社、一九九八）、『ダーウィンの危険な思想』石川幹人・大崎博・久保田俊彦・斉藤孝訳（青土社、二〇〇一）、『心はどこにある』土屋俊訳（草思社、一九九七）。『自由は進化する』山形浩生訳（NTT出版、二〇〇五）、『スウィート・ドリーム』土屋俊・土屋希和子訳（NTT出版、二〇〇九）。

〔05〕シャフツベリー伯爵（第三代）Earl of Shaftesbury（1671–1713）はイギリスの政治家、哲学者。美的感覚と道徳の一致を説く美学的道徳哲学を説いた。

〔06〕新約聖書、マタイによる福音書の第五章から第七章にあるイエス・キリストの山上の垂訓のなかで、もっとも有名な、「幸福なるかな」ではじまる八つの幸福にかんする説教（第五章第三節―第一〇節。なお「ルカによる福音書」にも同様の記述がある――第六章第二〇節―第二三節）。

〔07〕フィリップ・プルマン Philip Pullman（1946–）はイギリスの作家（ファンタジー、児童文学）。「ライラの冒険」（His Dark Materials）として知られるシリーズが、神学との関わりをめぐり議論されてきた。

〔08〕新約聖書「マタイによる福音書」第二二章第二二節参照。ファリサイ派の人びとがイエスの言葉尻をとらえて罠にかけようとする問答より。

〔09〕ゼロテ党――イエスの時代に存在していた政治宗教団体。ユダヤ民族独立をめざすテロ集団でもあった。ゼロテ派、あるいは「熱心党」とも呼ばれ、「狂信者 zealot」の語源になる。

〔10〕グレアム・グリーン（Graham Greene）『ブライトン・ロック』丸谷才一訳（ハヤカワepi文庫、二〇〇六）。ウィリアム・ゴールディング（William Golding）『ピンチャー・マーティン』井出弘之訳（集英社文庫、一九八一）。

〔11〕ノボダディ Nobodaddy とは、詩人ウィリアム・ブレイクが怒れる妬み深い神のことを揶揄的にこう呼んだ。No body（肉体をもたない）と Nobody（誰でもない）と Daddy（父親）との合成語。

〔12〕アナウィム（アナウィンとも表記）anawim は、ヘブライ語で「貧しき者、虐げられた者、苦しむ者、弱い立場の者」を意味し、「幸いなるかな心の貧しき者……」とは、このアナウィムのことである。

〔13〕王国に仕える宦官とは、新約聖書「マタイによる福音書」のなかにある——「天の国のために結婚しない者もいる。」（第一八章第一二節）を指す。

〔14〕マーティン・エイミス Martin Amis（1949–）はイギリスの作家。現在マンチェスター大学教授。二〇〇七年イーグルトン（当時、マンチェスター大学教授）は『イデオロギーとは何か』の新版の序文で、同僚でもあったエイミスのムスリムへの差別的発言を取り上げたが、九・一一以後のテロとの戦いの風潮のなか大きな論争に発展、エイミスの盟友でもあるラシュディら作家たちがエイミス擁護にまわった。また二〇〇九年にイーグルトンがマンチェスター大学から退官を余儀なくされたこともあって、エイミスの主張が正しくイーグルトンの批判が偏屈な歪曲のような印象を与えたが、エイミスの、特定の主張を表明しない不可知論に逃げ込みながら、人種差別や民族差別が困難な時代に文化差別をおこなう言論はじゅうぶんに批判されてよい。

第二章　裏切られた革命

〔01〕イアン・ペイズリー Ian Paisely（1926–）は北アイルランドの政治家、プロテスタント系牧師。民主統一

党の党首、二〇〇七年の総選挙では北アイルランド自治政府首相となった。

〔02〕パット・ロバートソン Pat Robertson（1930–）はアメリカ合衆国のテレビ伝道師。キリスト教保守派の指導者。

〔03〕マカバイ家　紀元前一六七年にシリアのセレウコス朝に対するユダヤ人反乱を導き、マカバイ（ハスモン）王朝の樹立（前一三四）に貢献したマカバイ家のこと（マカベア、マカベイの表記あり）。

〔04〕フランク・カーモード Frank Kermode（1919–）はイギリスの批評家。原注で指摘された文献は、神学の概念を援用して文学批評に適用したもので、代表的著作。

〔05〕オグ大王　旧約聖書のモーセ五書のひとつ「申命記」によれば、エジプトを後にしたモーセの一行は、四〇年間砂漠を放浪したあと、オグ王が君臨するバシャンの王国を征服し、ヨルダン川東側の支配権を手にいれる。大王オグは巨人族の生き残りとされ「彼の棺は鉄で作られており……基準のアンマで長さ九アンマ〔約四メートル〕、幅四アンマ〔約一・八メートル〕であった」とされる（『申命記』第三章第一一節）。

〔06〕『要綱』はマルクスの『経済学批判要綱』（*Grundrisse de Kritik de politishcen Okonomie*）のこと。一八五七年から五八年にかけて執筆された一連の経済学関係の草稿。『経済学・哲学草稿』と『資本論』をつなぐ文献ゆえに、またその独自性ゆえに高く評価されている。

〔07〕『セックス・アンド・ザ・シティ』*Sex and the City* はアメリカの連続テレビドラマ（1998–2004）で、六シーズン（全九四話）。ニューヨークで暮らす三〇代の独身女性四人の生活を描くコメディ。『バンド・オブ・ブラザース』*Band of Brothers* は、第二次世界大戦におけるアメリカ空挺師団のヨーロッパにおける大戦末期から終戦での戦いを描くアメリカのテレビ・シリーズ（全一〇話）。

〔08〕本書の原題は、『理性、信仰、そして革命――神論争についての省察』*Reason, Faith, and Revolutions : Reflections on the God Debate* である。

〔09〕シチュエーショニズムは一九五〇年代後半から七〇年代にかけて、政治・社会・文化・芸術の統一的実践をめざした国際集団「シチュアニスト・インターナショナル」が唱えた理論で、消費社会のスペクタク

ルを批判し、その対極にある「状況」を構築することを目指した。
〔10〕C・P・スノー Snow（1905–80）は、イギリスの小説家、物理学者。〈見知らぬ人と兄弟たち〉と題された全四〇作におよぶ連作があるが、その名を世界的に有名にしたのは五九年におこなった『二つの文化と科学革命』講演であり、人文分野と科学分野の乖離分裂を指摘し、以後「二つの文化論争」が繰りひろげられた。
〔11〕ハーバート・スペンサー Herbert Spencer（1820–1903）は英国の哲学者。進化論の立場から、哲学と科学と宗教の融合をめざした。
〔12〕テイラー Charles Taylor（1931–）はカナダの政治哲学者。コミュニタリアリズム思想家とみられているが、それにおさまらない多彩な学術的・政治的活動を展開。主著は、本書でも依拠されている二つの大著 *Sources of Self*（1989）と *A Secular Age*（2007）だが、これらの日本語訳はまだない。
〔13〕『対異教徒大全』*Summa Contra Gentiles*（1258–64）は、トマス・アクィナス（1225–1274）の『神学大全』に匹敵するもうひとつの中期の代表作。一部が日本語訳されている――『トマス・アクィナスの心身問題――『対異教徒大全』第2巻より』川添信介訳（知泉書館、二〇〇九）。
〔14〕聖アンセルムスは、中世ヨーロッパの代表的なスコラ哲学者。「神の存在論的証明」で知られている。
〔15〕マシュー・アーノルド Matthew Arnold（1822–1888）は英国の詩人、批評家。『教養と無秩序』（一八七一）『文学とドグマ』（七三）などの著作で人文学の伝統と社会問題を考察。I・A・リチャーズ Richards（1893–1979）は英国の批評家、文学理論家。リチャーズの全体像とその現代性についてはイーグルトンの瞠目すべきリチャーズ論を参照のこと（イーグルトン『反逆の群像』大橋洋一・小澤英実訳（青土社、二〇〇八）第一一章参照）F・R・リーヴィス Leavis（1895–1978）は英国の批評家。文学研究や文学批評のありかたを追究。英国の批評界、文学教育に大きな影響をあたえた。ノースロップ・フライ Northrop Frye（1912–1991）はカナダの批評家、聖職者。神話批評の提唱者だったが、晩年はカナダを代表する大知識人として文学や宗教の問題を考察した。ジョージ・スタイナー George Steiner（1929–）はオーストリ

ア系ユダヤ人、イギリスの批評家としての位置づけながら国際的知識人として活躍。文学と社会の関係を考察した著作が多い。

〔16〕パングロスはヴォルテールの『カンディード』の登場人物で、底抜けの楽天家。

〔17〕ジョージ・エリオット George Eliot（1819–1880）本名 Mary Ann Evans。イギリスの女性作家。代表作のひとつ『ミドルマーチ』*Middlemarch*（1972）は、架空の都市ミドルマーチを舞台に人間の理想の破綻や成就を描く。『ミドルマーチ』（全四冊）工藤好美・淀川郁子訳（講談社文芸文庫、一九九八）。

〔18〕エドマンド・バーク Edmund Burke（1729–97）はアイルランド出身の政治家、哲学者。ラディカルな保守思想の論客でもあった。

〔19〕『バッカイ』ギリシアの悲劇作家エウリピデスのこの作品は従来『バッコスの信女（たち）』と訳されてきたが、この作品の翻訳者である逸見喜一郎氏は、「バッコスに憑かれた女たち」という意味をこめて「バッカイ」という表記を説得力あるかたちで提唱されており、本書でもこれを受け継ぐことにする。『ギリシア悲劇全集第九巻』（岩波書店、一九九二）所収の「『バッカイ』解説」参照のこと。

〔20〕G・H・ルイス Lewis（1817–78）は英国の思想家。進化論、実証主義、宗教懐疑論を展開。

〔21〕ティク・ナット・ハン（Thich Nhat Hann 釈一行 1926–）はベトナム出身の仏教僧（禅宗、臨済宗）で平和運動家。本文にもあるようにマーティン・ルーサー・キング牧師にも影響あたえた。日本語訳多数。

〔22〕マハ・ゴサナンダ Samdech Preah Maha Ghosananda（1913–2007）はカンボジア出身の仏教僧で大長老。平和活動家。『微笑みの祈り』馬籠久美子・野田真里訳（春秋社、一九九七）。

第三章　信仰と理性

〔01〕トマス・ハーディの詩集『過去と現在の詩』［*Poems of the Past and Present*, 一九〇一年］に収められた「神

に忘れられ」（"God-Forgotten"）という詩には次のような一節がある。「地球だって？　人類のことか／余が造ったと？　とても悲惨な運命だと？／いや　余はそんな所に覚えはない／そんな世界など造らなかった」（古川隆夫訳、『トマス・ハーディ詩集（続）』、桐原書店、一九八五年、一八四―一八五頁より引用）。

〔02〕「陰核切除」clitoridectomy は、エジプト、スーダンならびにアフリカの赤道沿いの広い地域でおこなわれてきた女性器切除のことで、現在世界各国のフェミニストたちが反対運動を繰り広げ、国によっては法的に禁止していることもある。

〔03〕アラン・バディウ Alain Badiou（1937–）はモロッコ生まれのフランス人哲学者。主著『存在と出来事』（一九八八年）からも明らかなように、バディウ哲学の鍵とされるのが「出来事」の概念である。本書ではイーグルトンはこの概念について簡潔に説明しているが、*Trouble with Strangers : A Study of Ethics*（2009）でより詳細な論を展開している（原注5を参照）。それによるとイーグルトンは、バディウが「出来事」という概念に過剰なまでの単独性・超越性を付与するため、歴史的連続性や日常性を軽視しがちとなり、結果としてモダニスト美学の悪しき伝統を引き継いでしまったと批判している。

〔04〕ブレアの発言　二〇〇六年一二月八日にブレアが行った、多文化主義と統合にかんする講演での発言。

〔05〕ジョルシュ・ソレル（一八四七―一九二二）はフランスの哲学者・マルクス主義理論家。主著に『暴力論』（一九〇八）がある。『暴力論（上・下）』木下半治訳（岩波文庫、一九三三、六六）。

〔06〕『すべての季節の男』*A Man for All Seasons*（1960）は、ヘンリー八世の離婚問題に反対し大逆罪で処刑された英国の人文主義者で大法官であったトマス・モアを主人公とした戯曲で、英国の劇作家ロバート・ボルト Robert Bolt（1924–1995）の代表作のひとつ。一九六六年に映画化され、アカデミー賞受賞。『わが命つきるとも』のタイトルのほうで有名かもしれない。このなかでモアは娘に「神は輝きを示すものとして天使たちをつくりたもうた――その素朴さのために動物を、その単純さのために植物を創りたもうたように。しかし人間は、その知恵をもって神にお仕えするものとして創りたもうたのだ。神の御心が混乱したもうたときに！」と語る。『すべての季節の男』小田島雄志訳、『現代世界戯曲集――世界文学全集別

巻2』〈河出書房、一九六九〉所収、『花咲くチェリー——ロバート・ボルト戯曲集』木村・小田島訳（劇書房、一九八一）所収。訳注における引用は、小田島訳（河出版）をそのまま使わせていただいた。

〔07〕ジョン・ウィルキンズ John Wilkins（1614–72）はイギリスの思想家で、科学と宗教の融和を試みる「自然神学」の創始者の一人として知られている。一六四八年にウォダム・コレッジの学寮長となる。王立協会の創設（一六六〇）に貢献、普遍言語の提唱者で現在では有名。フレデリック・ハリソン Frederic Harrison（1831–1923）は、実証主義を標榜する法学・歴史学者で、一八五四年にウォダム・コレッジのフェローになっている。モーリス・バウラ Maurice Bowra（1898–1971）はギリシア古典を専門にする文学者だが、ロシアのモダニスト詩集の編纂もおこなうなど、多彩な活躍を示した。一九三八年から三〇年以上にわたって、ウォダム・コレッジの学寮長をつとめた。

第四章　文化と野蛮

〔01〕バプティスト派は、キリスト教プロテスタントの一派で、一七世紀イギリスで創始されたが、むしろアメリカでの勢力のほうが強く、プロテスタントの宗派としては米国最大の信者数を有する。

〔02〕サミュエル・リチャードソン Samuel Richardson（1689–1761）は英国の印刷業者、小説家。『パミラ』（一七四〇）や『クラリッサ』（四七—四八）といった長編書簡体小説で名高い。イーグルトン『クラリッサの凌辱』大橋洋一訳（岩波書店、一九八七）参照。

〔03〕ダライ・ラマ一四世の自伝によると、一九五三年、北京で毛沢東に会ったダライ・ラマは「宗教は毒である」と毛沢東に言われたとある。中国人民解放軍は一九五〇年から五一年にかけてチベットに侵攻、チベットを中華人民共和国に併合したが、その後、チベットで動乱がおこる時期における、このエピソードは、毛沢東による〈宗教＝毒〉説として有名になった。

〔04〕「文学者の発明」　英国の中東研究者エリー・ケドゥーリー Elie Kedourie（1926–92）が、『ナショナリズム』（1960）で用いた表現（小林正之・栄田卓弘・奥村大作訳（学文社、二〇〇三）六八頁参照）。

〔05〕パドレイク・ピアース Padrick Pearse（1879–1916 Pádraig として知られる）はアイルランドのナショナリストで、一九一六年のイースター蜂起で中心的な役割をはたし、蜂起鎮圧後処刑された。

〔06〕第四インターナショナルとは、スターリンの主導下で始められた第三インターナショナル（コミンテルン）に対抗するトロツキスト一派の集団を指す。その一員であったミシェル・パブロ Michel Pablo（1911–96）は、第二次世界大戦後に、労働者国家を帝国主義から守るという目的で、いわゆる加入戦術を提唱するに至り、この方針がパブロ主義と名指されるようになった。

〔07〕トマス・マンの『魔の山』（1924）は、ドイツの代表的教養小説のひとつで、サナトリウム文学の傑作としても知られている。主人公のハンスは、結核患者のいとこを見舞うべくスイスのサナトリウムを訪れるが、そこで自らも結核患者として七年にわたる療養生活を強いられることになる。同じ患者仲間としてその場で出会うのが、本書でも触れられている、イタリア人進歩主義者のセテムブリーニや、熱狂的イエズス会員であるユダヤ人のナフタといった、個性溢れる面々である。本書で論じられる「雪の場面」は、『魔の山』第六章第七節の「雪」に相当する。このなかでハンスは山中でスキーに夢中になったため吹雪に閉じ込められ、あわや遭難の危機に瀕する。ようやく人気のない小屋の前にたどりついた彼が疲労と不安で混濁状態に陥った際に見る幻覚の一部が、本書でも触れられる「子供を八つ裂きにする光景」である。陽光の輝く浜辺からほの暗く謎めいた神殿へと足を踏み入れるハンスは、ふたりの老女が幼児たちを引き裂いてむさぼり食うのを目にし、あわててそこから逃げようとするところで、目を覚ましている。イーグルトンの引用文は、このすぐ後の文からきている（『魔の山』（下巻）高橋義孝訳（新潮文庫、二〇〇九）三〇三頁参照）。

訳者あとがき

本書はテリー・イーグルトンの著書 *Reason, Faith, and Revolution : Reflections on the God Debate*（New Haven and London : Yale University Press, 2009）の全訳である。タイトルを直訳すれば「理性、信仰、革命――神論争についての省察」となる。本書は、二〇〇八年イェール大学でおこなわれた四回のテリー講演にもとづくもので（テリー講演はテリー・イーグルトンの「テリー」ではないので念のため――著者がこの偶然の符合にとびつかないわけはなく、予想どおり冒頭で、これをネタに笑いをとりに行っている）、反宗教論争における理性と信仰（言い換えれば科学と宗教）の問題ならびにキリスト教における革命思想・実践としての側面とをとりあげ、議論を展開している。いうなれば特定分野の文献であるにもかかわらず、「宗教とは何か」という一般的・啓蒙的な翻訳タイトルを選んだことについては、もちろん理由がある。

現在（二一世紀の最初の一〇年が終わろうとしているこの時期）、宗教あるいは信仰は全世界的な復権いや興隆を目撃されている。宗教原理主義の席捲、ニューエイジ的神秘主義と接する新興宗教の乱立、商品化され消費対象としての世俗化された信仰から、言論思想家における宗教論的転回、そして革命思想としての宗教にいたるまで、その天使的相貌と悪魔的相貌が半ばするかたちでせめぎあう現在のグローバルな宗教環境に対抗すべく、反宗教、宗教批判、無神論もまた、これまでになく活性化している。こうした状況のなかで、わたしたちは戸惑いと眩惑から逃れられていない。信仰に身を寄せようとすると、原理主義の無窮の闇が待ち構えているようにおもう。かといって宗教批判と科学主義へと傾斜するとき、科学の正当性への信頼と献身そのものが信仰にみえてきて懐疑の念もまた深まる。聖職者が無辜の民を瞞着してきたのと軌を一にして、科学者もまた限りない悪をもたらした。反宗教的科学が科学そのものへの反省を欠落させる意図的健忘症におちいるとすれば、反科学的宗教は犯罪記録に囲まれ身動きできないでいる。

混迷を深める状況のなかで、わたしたちはイーグルトンのこの講演と出遭う。若くしてカトリック刷新運動に身を投じたイーグルトンから期待できるのは、キリスト教とキリスト教神学についての深い理解であり、キリスト教界からキリスト教を救出する宗教擁護論であるが、またいっぽうで英国を代表するマルクス主義批評家としてのイーグルトンから期待できるのは、現代の宗教批判者たちの一九世紀の合理主義と科学主義そして資本主義精神の域から出ない批判をはるかに凌駕する痛烈な政治的社会的批判である。そもそも西洋人にとってキリスト教を中心とする宗教は、それだけで関心を呼ぶ主題であり、まさに琴線に触れるところがあって、事実、本書は、多くの西洋人読者に感銘をあたえる話題作となった。本書の冒頭でイーグルトンがわたしたちに思い起こさせてくれるのは、英国のパブでの古典的タブーのふたつの話題、すなわち政治と宗教であるが、それをふたつながら展開する本書は刺激性と危険性をあわせもっている。以下、本書の内容をすこし詳しく紹介することで、本書から期待できるものと期待できないものについて、あらかじめおおまかな概念図を描いて、読者の緊張を解きほぐしたいとおもう。

またそのなかで、なぜ本書が「宗教とは何か」のタイトルになったかの答えもおのずとあらわれてくる——本書はキリスト教（あるいは宗教）についての啓蒙的百科全書的な解説ではないが、革命思想としてのキリスト教（そしておそらく他の宗教）の特質を明らかにするとともに、キリスト教の変貌ならびにその表象のされかた、さらには批判をも検討することによって、現代のコンテクストのなかでキリスト教と宗教全般の位置づけを明確にするものである。この意味で、「宗教とは何か」というタイトルはミスリーディングでないどころか、適合しすぎるきらいすらある。

＊

第一章——著者は、講演の内容が宗教と科学であることに戸惑いつつ、少年期から大学生にいたる精神形成期におけるキリスト教それもカトリックとの密接な関わりを語りはじめる。著者の自伝的エッセイ『ゲートキーパー』あるいは著者の二〇代前半における著作『ニュー・レフト・チャーチ』からもわかるように著者は紆余曲折は経ても熱心なカトリック信者であった。だからリチャード・ドーキンスの世界的ベストセラーになった『神は妄想である』あるいは、かつての盟友でいまやネオコンに転向したクリストファー・ヒッチンスの『神は偉大ならず』（未訳）を代表とするキリスト教・宗教批判にたいし、キリスト教神学に立脚した擁護論を展開できると著者は考える。

ディチキンス（本書ではドーキンスとヒッチンスを合体させてこう呼ぶ）が合理主義実証主義的観点から展開する聖書批判は、キリスト教に宇宙の科学的説明を求めるという点で範疇の誤謬を犯している。キリスト教は擬似科学ではない。神は、この世に実在するのではなく（この点は「イエティ的観点」として

第三章でも語られる）、なにごとかが在ることの存在理由なのである――科学は宇宙の法則を解明できても、なぜ法則が存在するのかについては解明できない、もしくは、解明しない。科学がそれを解明するとなると神的存在へと逢着せざるをえないと語られているようでもある。そしてもし神が比喩的に存在するとしても、それはディチキンスが考えているような、企業の最高責任者あるいはＣＩＡの長官めいたものではまったくなく、むしろ慰みに宇宙を創造した芸術家である。神は機能的な目的を念頭におくことなく、ただ世界への愛と喜びのために世界を創造した。世界は贈り物であり無償の行為の結果ある。キリスト教の世界・宇宙観は鉄の因果律への批判としてある。

逆にディチキンスが批判的に想定している神とは、愛と喜びに満ち人間を放置する自由人であり芸術家である神ではなくて、人間を束縛支配するサタン的神、あるいはサタンそのものなのである。このことをディチキンスは知らないわけではないが、「野のユリ」のごとく生きよというイエスの禅ヒッピー的教えにディチキンスが苛立つとき、ウォール街を闊歩する証券マンとも都市郊外族とも無縁のイエスの教えと、その悲劇的帰結が際立つことになる。新約聖書が示すのは、人間への愛と正義を弁じて、そのあげく危険な政治犯として処刑された肉体なのだ。それはまた神の子イエスが、恵まれた者ではなく、貧しき虐げられし人びと、地の屑（世の屑ともいうが）、ヘブライ語でいう〈アナウィム〉とともにあることを示している。本来宗教とは「抑圧された者のため息」（マルクス）であるとすれば、キリスト教もまた〈アナウィム〉の側に立つ宗教であり、だからこそディチキンスの小市民的道徳にとっておぞましいものなのだ。ディチキンスの宗教批判は、宗教の科学的不合理に向けられているとともに、その危険な革命思想と悲劇的ヴィジョンにも向けられている。

このキリスト教信仰の説明は強いていえば「解放の神学」であるとイーグルトンは述べる。こう述べることによってディチキンスの宗教批判が、科学・対・神学の次元ではなく政治的次元にも属することがわかる。宗教をこのようにラディカルで悲劇的な革命思想として把握することによって、対決の場はラディカルな政治へとシフトする。拷問され殺害された政治犯の肉体に人間の条件を象徴させるキリスト教は、世界の記述の正確さを提示したり神の存在を証明するものではなく現実の変革の約束を信じて行動するという信念と現実参加を、まさにラディカルな政治を要請するものなのだ。ここにディチキンスの宗教批判が生まれるゆえんがある。つまりディチキンスは、宗教の悪魔的側面を徹底非難することで、天使的側面を無視している（水といっしょに赤子を流す）と批判されるのだが（それがイーグルトンの主張でもあるが）、同時にまた、キリスト教にかぎらず宗教全体にみられる、人間を抑圧から解放するために現実参加をめざすというラディカルな天使的ともいえる解放面もまた、ディチキンスにとって悪魔的なのであり、ここから宗教はすべからく粉砕しなければならないという理屈が生まれる。

なお現在、宗教は解放の神学を展開するどころか、宗教原理主義へと堕している。そして宗教原理主義こそ、実はディチキンスの合理的宗教批判と同じ世界観を基盤として非政治的あるいは反政治的という面で共通性がある。そこが垣間見えるところで、つぎの章にうつる。

第二章——この章はオリジナルな講演ではリベラリズムの限界と銘打たれていた。キリスト教世界からキリスト教を救うという第一章の試みをうけて、今度はキリスト教ならびに宗教から解放の可能性を奪うところの現実政治に着目する章として、読むことができる。

最初に宗教批判のずさんさを、宗教的ヴィジョンの透徹したリアリズムと失われることのない希望とを対置させ、あらためて批判する。キリスト教批判が幼稚化しているにもかかわらず、それが日常茶飯事化している現実を憂慮する著者は、責任はキリスト教にもあると考え、アナウィムとともにあるキリスト教が、いつしか世界の権力と一体化した現在の世界において、イーグルトンは「聖書にもとづくキリスト教」と「イデオロギー的キリスト教」との区別を提唱する。

イーグルトンの前章におけるキリスト教の解説は、イデオロギー的キリスト教からは、単純すぎるか、複雑すぎると批判される運命にある。だが、そうした批判は、庶民感覚から乖離していることを著者は指摘して、革命運動としてのキリスト教が民衆を裏切って久しいと主張する。キリスト教の堕落に乗じて合理主義的リベラル・ヒューマニズムが台頭したが、現在のアメリカにおけるポスト九・一一の狂騒における目にあまる反動的イデオロギーの跋扈を著者は指摘しつつ、リベラリズムもまた民衆を裏切ってきたことを確認する。啓蒙主義・合理主義・リベラリズムにかんするディチキンスの単純な理解を、著者はひとつひとつ正し、また問題提起している。啓蒙思想の問題点。合理主義原則の問題点。宗教の迷妄から啓蒙へという啓蒙思想の歴史理解の問題点。世俗化の問題点あるいはその真のありよう。そして進歩イデオロギーの問題点。

じっさい、人よりも成熟が遅く、また人よりもとくに悲観的ではないわたし（訳者）が中学二年生のときに捨て去ったのは科学によるばら色の未来幻想だったが、それがディチキンスのなかで批判されず生き残っているのを発見して正直いって驚いている。ここでは進歩イデオロギーがもたらした惨禍（ディチキンスが認めないこと）と進歩イデオロギーそのものが批判され、またそれだけでなく、科学と宗教とが初期近代から対立関係にあったという虚偽の歴史もまた批判され正されることになろう。さらにいえば現在の宗教原理主義にたいする保守ならびにリベラリズム側からの反応が、信仰の迷妄に呪縛された狂人の思想として原理主義を一蹴するだけで、信仰に理知的判断の可能性を認めない点を著者は重視している。批判者もまた迷妄に呪縛されているのである。

なお著者は啓蒙思想を一方的に否定しているのではない。啓蒙思想、道具的理性なくして解放はありえないと説く著者は、ディチキンスと異なり、啓蒙がもたらす惨禍を同時にみすえるべきであって、それが可能なのは、いまなお著者が転向することなく保持しているマルクス主義であるという主張は興味深い。またさらにトマス・アクィナスの心身合一の認識論とか、非西洋圏における宗教（原理主義もふくむ）の平和効果ならびに聖職者の献身的な平和活動など興味深い話題がちりばめられている。

第三章――「信仰と理性」と題された本章は、宗教と科学という対立をさらに蒸し返して語るのかとも予想されるかもしれないのだが、むしろ、この理論的に刺激的な章において展開するのは、信仰と理性という二項対立の脱構築（という言葉は使われていないとしても）である。

まずキリスト教あるいは宗教一般の信仰にたいする合理主義者あるいは啓蒙思想家からの過度に単純化した批判あるいは拒否をとりあげ、信仰とは、神の存在を確認するというような科学的認識とはまったく異なり、神を信頼するという言語ゲームであって、ディチキンスが想定しているような証拠のあるなしの問題ではない。またここから知の問題へと議論はシフトする。知あるいは認識の根幹には愛の問題があると、こういえば不合理な迷信じみた議論と思われるかもしれないが、知の問題は、必ずどうしても説明できない盲点の部分が存在する。理性にも説明できない部分や偏狭性が残る。これはディチキンスの科学的合理主義に、このイデオロギー化され神格化された科学中心主義にも、みずからの汚点をみないような党派性があるということだけでなく（もちろんこれは批判の重要なポイントとなるが）、わたしたち全員が、みずから説明できない盲点を抱えているということであり、わたしたちはたとえ宗教者でなくとも信仰で動かされているということである。

こう考えれば理性と信仰とを截然と分かつ合理主義の行為こそが、無根拠な信仰にもとづくものといえるのではないか。理性と信仰の問題は、決して単純ではないのである。

第四章――本章で興味深いのは「文化」と「野蛮」という対立よりも、後半で展開される「文明」と「文化」という対立である。ポスト九・一一である現在、文明の衝突が叫ばれてきたが、衝突は文明と文化の間に発生すると著者は主張する。ここでいう文明が、普遍性・自律性・繁栄・合理性・自己懐疑などを意味するとすれば、文化のほうが意味するのは習慣・集団・情念・自律性、そして非懐疑であり、これは文明におけるなんらかの理念が文化において血肉化するというように次元差（観念と現実）と捉えることができるが、同時に地域差（西洋と非西洋）と捉えることもでき、文明と文化が、西洋と非西洋の対立、あるいは植民地宗主国と被植民地国との対立となる。

文明と文化は、また相互に依存しあうものとなる。文明が繊細・物質主義・普遍的価値・合理的・抽象であるとすれば、文化は粗暴・強度・アイデンティティ・情緒的・地域色・非合理的・美的・具体となる。問題は普遍的・抽象的価値を（文明）を特定の場所や時代に媒介するものであったはずの文化が、逆に、抑圧されたものの回帰さながら、文明を攻撃するようになった――それが現在の状況なのである。

文明・対・文化を立ち上げると、たとえばいまや文明が文化を根拠とするようになるとか、神は文明ではなく野蛮、さらにいうと文化へ移行し、文化が最重要基盤として格上げされる（これがポストモダンにおける文化中心主義を招来する）とか、興味深い現象を整理することができるが、本章の力点は、宗教が文化と文明の両方に所属するということである。いやマルクス主義も文化と文明をともに扱いうるものだが、現在、政治的拒絶にさらされている以上、両者を扱うラディカルな衝動は、宗教に、そして神学に向かうと著者は説明する。それはまた西洋における宗教的・神学的（キリスト教的）転回の説明にもなっているのだが、いまや宗教から学ぼうとする気運、いやすでに生じている実践が、人類の運命と未来についての重要な省察へとみちびいてくれそうなのである——リベラルな教条主義者、進歩をふりかざす扇動者、イスラム恐怖症の知識人が行く手を阻むことがなければ。

なおイーグルトンは、反宗教のリベラル・ヒューマニズムに対して、みずからの立場を「悲劇的ヒューマニズム」と規定している。最悪と最底辺に依拠し根源的な自己放棄と自己変革を経てはじめて未来が到来すると信ずる、それが悲劇的ヒューマニズムなのである。

＊

なおこのように概念と主題を並べることによって、観念的抽象的議論に終始していると唖然とされる読者もいるかもしれないが、本文は、むしろ、巧みな語り、豊富な事例、ある時は深淵で、ある時はギャグ的な喩え話、辛辣で揶揄的な批判と、真摯な熱い語り口など、著者の語りの魅力が噴出しているので、概念的要約のみで判断せず、ぜひ本文を読んでいただき、わたしのとは異なる概念図を成立されんことを祈っている。

また同時に本書が、日本でもよく読まれているドーキンスの『神は妄想である』への反論として意図されていることは理解していただけると思うが、同時に、本書は宗教擁護の側に立つとはいえ、ドーキンスを全面的に否認する議論ではない。

ドーキンスのキリスト教あるいは宗教批判をイーグルトンは正しいものと認めている。歴史的にみて宗教の功績は宗教の過誤とも肩を並べてきたのだから。また二一世紀に生きる科学者たちが宗教原理主義者のみならずキリスト教徒からの日常的なさまざまな圧迫によって学術研究に支障すらきたしているであろうことも想像にかたくない（『神は妄想である』にはそうしたことを垣間見せてくれるエピソードがある）。科学の側からの宗教への敵対的姿勢は、人道的・学術的見地からも擁護・支援できる面が多いのだ。

しかしイーグルトンの本書の読者には、宗教にも科学にもとりわけ関心のない読者も多く含まれているはずだが、ドーキンスの本をぜひ読んでみていただきたい。『神は妄想である』のある箇所で、ドーキンスは、ある本を「ミシェル・フーコー、ロラン・バルト、ジュリア・クリステヴァ、およびその他の高級なフランス風えせ学問（francophonyism）」（日本語訳五〇九頁）と嘲笑的・揶揄的に語っている。主要な議論ではなく議論の枕に笑いをとるエピソードとして使っているささいな部分だが、対象とされているのはポスト構造主義運動の歴史が辿れるようにフランスの『テル・ケル』*Tel Quel* 誌から、フーコー、バルト、クリステヴァらの論文の英訳を集めたアンソロジーで、表紙にはフレドリック・ジェイムソンの推薦文が堂々と印刷されている。この本が、「高級なフランス風えせ学問」とはどういういうことか。

つまりドーキンスのこのコメントは、よく知りもしないものを、ただの偏見にもとづく一面的判断で嘲弄しているだけで、人種差別発言となんら変わらない。さらにいえば、ドーキンスの宗教批判も冷静な判断ともアカデミックな判断とも無縁の、まさに彼を攻撃してくるキリスト教原理主義者と同じ偏見に汚染されていることは、この一例をもってしても容易にわかろうというものだ。ドーキンスの批判は安直なのである。宗教にも科学にも興味のない人文主義分野の読者も、うかうかしていると、ドーキンスに攻撃されているのが自分自身であることに気づかずに終わるかもしれない。ドーキンスは文学的なものに理解のあるところを『神は妄想である』では何度も示しているが、宗教学・神学を含む人文分野の研究あるいは関心にはまったく無理解で、時があれば攻撃してくる。じっさいのところ人文分野は科学には批判的であり、ポスト構造主義、ポストモダンとなると科学批判はいや増しに高まってくる。いっぽうで科学研究者は、人文学には批判的で「えせ学問」と批判の手をゆるめなかった。そしていまや科学者が、科学的手続きを踏んだものをだけを真実として他分野にも強制し、まさに「真実の管理者」としてみずからを任じているのが現代なのだ——科学者の研究内容は二一世紀でも研究手続きと理念は一九世紀であるにもかかわらず。

だが科学者は、真実の管理者にはふさわしくない。なぜなら、たとえドーキンスの宗教批判と、おそらく人文分野批判は、それがどれほど正当化できるものであっても、科学の罪を隠蔽することによって、みずからの宗教批判を空洞化しているからだ。なるほど神が存在する証拠はないかもしれないが、科学が人類にたいしておこなった罪悪の証拠は限りなくある。しかし、わたしはドーキンスとは異なり、人文分野と自然科学分野との潜在的対立を煽るようなことはしたくない。現在では嘆かわしいことに専門分化が進み、人文と科学、両分野の溝は深まるばかりであり、たがいにどのような関心が生じているのかすらわからなくなっている。だからこそ、求められるのは、両分野に属する人間の対話と協調であり、たがいにないものを補いあうことではないだろうか。ドーキンスの宗教批判が、自然科学と人文分野の無用な対立をあおるイデオロギー的行為とならないよう願うところである。

そしてまたその宗教批判も、宗教のよいところを微塵も認めようとしない、その頑なところは、なにか狂信的なものを感じずにはいられないし、それは反転して科学そのものへの反省のなさとも響きあっていて、殺人犯がみずからの罪を隠蔽してべつの殺人犯を告発するようなものといえないだろうか――その告発は正しいとともに間違っているのだ。最近、ディチキンスはカトリックの司教による幼児虐待を放置したことでローマ教皇ベネディクト一六世を人道への罪で逮捕するようイギリス司法当局にはたらきかけはじめたことが伝わったが（二〇一〇年四月）、逮捕とはなんとも不穏当で狂信者めいているのだが、ディチキンスに言いたいのは、ローマ教皇への告発は、ディチキンス――とりわけヒッチンス――が支持したイラク戦争において多くの幼児を虐殺したアメリカ軍の責任者として当時のブッシュ大統領を人道への罪で告発・逮捕しないかぎり意味がないということである。

＊

翻訳について。信仰をもたないわたしに、はたして本書の翻訳が可能か、自信のないところもあったが、それは杞憂に終わり、とくに専門的知識は必要なかった（と信じているが、大きな見落としなどがあるかもしれない)。そのこともあり、また大部の本ではないにもかかわらず、アメリカ文学の専門家で、宗教と社会との関係にも関心が高い小林久美子氏に忙しいところ協力をあおいだ。小林氏は、すでにべつの翻訳も作業中であったが、快く引き受けていただいた。第一章と第二章を私が翻訳し、第三章と第四章を小林氏が翻訳し、両方の訳稿を交換して検討し、最終的にわたしが統一した。訳文に問題があれば、それはすべてわたし大橋の責任であり、訳文に優れたところがあれば、それは小林氏のものであることと考えていただきさしつかえない。

青土社編集部の菱沼達也氏には、二〇〇八年にはわたしが翻訳したかったイーグルトンの『反逆の群像』を翻訳する機会をあたえていただいたのだが、今回、イーグルトンの宗教的神学的転回を画する本書を翻訳する機会をあたえていただいたことにたいし心より感謝したい。

二〇一〇年五月

大橋　洋一

著者

テリー・イーグルトン　Terry Eagleton　1943-

現代イギリスを代表するマルクス主義批評家、文化理論家のひとり。ケンブリッジ大学卒業後、オックスフォード大学特別研究員、同大学教授。その後マンチェスター大学教授（2008年退官）。現在、ランカスター大学教授。著書に『文学とは何か』（岩波書店）、『イデオロギーとは何か』（平凡社）、『表象のアイルランド』（紀伊國屋書店）、『ポストモダニズムの幻想』（大月書店）、『アフター・セオリー』（筑摩書房）、『甘美なる暴力』（大月書店）、『文化とは何か』（松柏社）、『反逆の群像』（青土社）など多数。

訳者

大橋洋一（おおはし・よういち）　1953-

東京大学大学院人文社会系研究科教授。専門は英文学、批評理論。主な訳書にイーグルトン『文学とは何か』（岩波書店）、『イデオロギーとは何か』（平凡社）、『文化とは何か』（松柏社）、『反逆の群像』（青土社）など多数。

小林久美子（こばやし・くみこ）　1978-

ミシガン大学アナーバー校博士候補生、日本学術振興会特別研究員（PD）。東京大学大学院人文社会系博士課程満期退学。専門は米文学。主要論文に"'Life is...': Nathanael West's Anti-symbolism in *Miss Lonelyhearts*"（『英文学研究』）、翻訳にR・ケルツ「『ナイン・ストーリーズ』とストーリーテラーの死」（『モンキービジネス』）がある。

索 引

あ行

アイゼンハワー、ドワイト　Eisenhower, Dwight　183
アインシュタイン、アルベルト　Einstein, Albert　26
アウグスティヌス　Saint Augustine　32, 107, 118, 155
アクィナス、トマス　Aquinas, Thomas　20, 24, 32, 48–9, 68, 104–7, 155–7, 159, 166
アクカー、ギルバート　Aschar, Gilbert　63
アドルノ、テオドール　Adorno, Theodore　92, 105, 123–4
アナウィム　40, 77
アーノルド、マシュー　Arnold, Matthew　111
アフマド、アイジャズ　Ahmad, Aijaz　132–4, 136–7, 139, 200
アブラハム　Abraham　89, 113, 145
アラブ・イスラエル戦争　138
アルカイダ　63, 133
アルジェリア　135
アーレント、ハンナ　Arendt, Hanna　93
アンセルムス　Saint Anselm　107, 155
イーグルトン、ジョン　Eagleton, John　130
イーグルトン、マーク　Eagleton, Mark　130
イスラエル　133, 137–8, 190
イスラム原理主義　61, 181, 208
イプセン、ヘンリック　Ibsen, Henrik　164
イラク　78, 138
イラン　134–6, 138
インドネシア　132, 135, 137–8
ウィトゲンシュタイン、ルートヴィッヒ　Wittgenstein, Ludwig　75, 83, 106, 125, 146, 148, 160, 167
ウィリアムズ、レイモンド　Williams, Raymond　194
ウィリアムズ、ローワン　Williams, Rowan　26
ウィルキンス、ジョン　Wilinsm John　173
ヴェトナム戦争　131
ヴォルテール Voltaire　92, 174
ウェーバー、マックス　Weber, Max　20
ウェルズ、ハーバート・ジョージ　Wells, H. G.　95
ウォダム・コレッジ　173–4
ウッドハウス、プルハム・グレンウィル　Wodehouse, P. G.　18

エイミス、マーティン　Amis, Martin　54, 126, 131, 139
エウリピデス　Euripides　120
エジプト　135–6, 138
エリオット、ジョージ　Eliot, George　117
エリオット、トマス・スターンズ　Eliot T. S.　79
オースティン、ジョン・ラングショー　Austin, J. L.　118

か行

カトリック教会　115, 130
カーモード、フランク　Kermode, Frank　75
カント、イマニュエル　Kant, Immanuel　29, 98, 109
キルケゴール、セーレン　Kierkegaard, Soren　80, 155
キング、マーティン・ルーサー King, Martin Luther, Jr.　131
ギャラガー、キャサリン　Gallagher, Catherine　186–7
九・一一　53, 84–8, 181
キリスト教原理主義　62–3, 75
クラーク、アーサー・チャールズ　Clarke, Arthur C.　147
クリステヴァ、ジュリア　Kristeva, Julia　89
グリーン、グレアム　Greene, Graham　38
グレイ、ジョン　Gray, John　33
クンデラ、ミラン　Kundera, Milan　175
ゴサナンダ、マハ　Ghosananda, Maha　131
ゴールディング、ウィリアム　Golding, William　38
コント、オーギュスト　Comte, August　101
コンラッド、ジョゼフ　Conrad, Joseph　164

さ行

サウジアラビア　98, 132, 138, 192
サルトル、ジャン–ポール　Sartre, Jean-Paul　73
CIA　72, 79, 134–5, 140
シェイクスピア、ウィリアム　Shakespeare, William　121
ジジェク、スラヴォイ　Žižek, Slavoj　148
自爆テロリスト　43–4, 136
資本主義　57–9, 62, 66, 69, 89, 93, 100, 132, 182–3, 191
社会主義　18, 34, 50, 57, 69, 82, 93, 124, 137, 158–9, 174, 199, 204, 208, 213
殉教　43, 129
ショーペンハウアー、アルトゥール　Schopenhauer, Arthur　68, 165
新保守主義　183, 189

スウィフト、ジョナサン　Swift, Jonathan　119, 165, 213
スタイナー、ジョージ　Steiner, Georges　111
スノー、チャールズ・パーシー　Snow, C. P.　95
スピノザ、ベネディクト　Spinoza, Benedict　34
スペンサー、ハーバート　Spencer, Herbert　125
ソレル、ジョルジュ　Sorel, George　165

た行

第二ヴァチカン公会議　15, 18
多文化主義　188, 191, 194, 196–7
タリバン　85, 133–4
ターナー、デニス　Turner, Denys　70, 166
ディチキンス　15, 23–4, 34–5, 41, 45, 50–3, 55–7, 70, 72, 74, 80, 83, 88–9, 93–4, 100, 103–4, 107, 109–10, 112, 117, 120, 125, 127–9, 131, 143–4, 149, 159–61, 166, 172, 180, 193, 200, 205, 212–3
テイラー、チャールズ　Taylor, Charles　102–3, 107–9, 111, 122, 170, 172
デカルト的二元論　104
チベット　131, 188
チリ　131
デネット、ダニエル・C　Dennett, Daniel C.　20, 58, 71–2
デリダ、ジャック　Derrida, Jacques　175
ドゥルーズ、ジル　Deleuze, Gilles　186, 211
ドーキンス、リチャード　Dawkins, Richard　15–6, 19–20, 23, 29, 49, 53, 55–6, 75–6, 81, 88–91, 95, 113–7, 124, 127, 130–1, 142–3, 148, 150–1, 161, 166, 170–1, 177, 181, 199
トンプソン、エドワード・パルマー　Thompson, E. P.　194

な行

ナセル、ガマール・アブドゥン　Nasser, Gamal Abdel　138
ニーチェ、フリードリッヒ　Nietzsche, Friedrich　19, 31, 34, 58, 80, 164
ニューエイジ主義　59, 61, 63
ニュートン、アイザック　Newton, Issac　92

は行

ハイデガー、マルティン　Heidegger, Martin　27, 73, 105–6, 167, 211
ハインド、ダン　Hind, Dan　96, 164
バウラ、モーリス　Bowra, Maurice　173
パウロ　Saint Paul　37, 40, 42, 48, 75, 102, 212

バーク、エドマンド　Burke, Edmund　119
パスカル、ブーレーズ　Pascal, Blaise　155
ハーディ、トマス　Hardy, Thomas　147–8
バディウ、アラン　Badiou, Alain　48, 152–4, 211
ハーバーマス、ユルゲン　Harbermas, Jurgen　108
ハマス　135
バヤト、アセフ　Bayat, Asef　208
ハリソン、フレデリック　Harrison, Frederick　173
パレスチナ　135, 138, 150, 190
バルト、カール　Barth, Karl　89
ハン、ティク・ナット　Hanh, Thich Nhat　131
ハンチントン、サミュエル　Huntington, Samuel　209
ヒッチンス、クリストファー　Hitchens, Christopher　15–6, 20, 29, 54, 58, 72, 74–6, 91, 100–2, 110–3, 115, 128, 130–1, 160–4, 166, 188–9
ヒトラー、アドルフ　Hitler, Adolf　114–5
ファルディ、スーザン　Faludi, Susan　84–6
フィヒテ、ヨハン・ゴッドリープ　Fichte, Johann Gottlieb　167
フォイエルバッハ、ルートヴィヒ　Feuerbach, Ludwig　101
フーコー、ミシェル　Foucault, Michel　19, 170, 211
ブッシュ、ジョージ・ウォーカー　Bush, George W.　23, 127
フライ、ノースロップ　Frye, Northrop　111
プルマン、フィリップ　Pullman, Philip　33
ブレア、トニー　Blair, Tony　163
フロイト、ジグムント　Freud, Sigmund　37, 39, 61
ペイズリー、イアン　Paisley, Ian　72
ペイプ、ロバート　Pape, Robert　143
ベーコン、フランシス　Bacon, Francis　92, 94
ベンヤミン、ヴァルター Benjamin, Walter　92, 120, 123, 158
ホルクハイマー、マックス　Horkheimer, Max　124
ボルト、ロバート　Bolt, Robert　167

ま行

マカバイ　77
マキューアン、イアン　McEwan, Ian　54, 131
マッケイブ、ハーバート　McCabe, Herbert　91, 149
マルクス、カール　Marx, Karl　24, 34, 58–61, 73, 82, 93, 107, 109, 120, 211
マルクス主義　19, 91–2, 94, 123, 137, 162, 211
マルホール、スティーヴン　Mullhall, Stephen　70

マン、トマス　Mann, Thomas　204–5
ミーム　116
ミャンマー　130
ミルトン、ジョン　Milton, John　166, 213
ムジャヒディン　134–5
ムージル、ロベルト　Musil, Robert　20
無神論　33, 89, 102, 129, 144, 147, 180
ムバラク、ホスニー Mubarak, Hosni　135, 137
モア、トマス　More, Thomas　167
モサデク、モハンマド　Mossadegh, Mohammad　136

や行

ユダヤ・キリスト教　34, 93, 124
ヨハネ　Saint John　81

ら行

ラカン、ジャック　Lacan, Jacques　37, 73, 89
ラシュディ、サルマン　Rushdie, Salman　54, 131
ラムズフェルド、ドナルド　Rumsfeld, Donald　86
リーヴィス、フランク・レイモンド　Leavis, F. R.　111
リチャーズ、アイヴァー・アームストロング　Richards, I. A.　111
リチャードソン、サミュエル　Richardson, Samuel　186
リベラリズム　34, 83, 91, 93, 95, 109, 123–4, 129, 163, 174, 184, 186, 191, 208
リベラル合理主義　125
リンチ、ジェシカ　Lynch, Jessica　87
ルイス、ジョージ・ヘンリー　Lewes, G. H. 125
レヴィ=ストロース、クロード　Levi-Strauss, Claude　103
レーニン、ウラジミール　Lenin, Vladimir　156
レノックス、ジョン・C　Lenox, John C.　24
ロック、ジョン　Locke, John　34, 83, 107, 196
ローティ、リチャード　Roty, Richard　203
ロレンス、デーヴィッド・ハーバート　Lawrence, D. H.　33–4

わ行

ワイルド、オスカー　Wilde, Oscar　23

宗教とは何か

2010 年 5 月 27 日　第 1 刷発行
2010 年 8 月 20 日　第 2 刷発行

著者——テリー・イーグルトン
訳者——大橋洋一＋小林久美子

発行人——清水一人
発行所——青土社
〒 101-0051　東京都千代田区神田神保町 1-29　市瀬ビル
［電話］03-3291-9831（編集）03-3294-7829（営業）
［振替］00190-7-192955

印刷所——双文社印刷（本文）
方英社（カバー・扉・表紙）
製本所——小泉製本

装幀——間村俊一

Printed in Japan
ISBN978-4-7917-6538-6 C0010